Schöne Fuchsien

Gerda Manthey

Schöne Fuchsien

2., verbesserte Auflage
81 Farbfotos
97 Zeichnungen

VERLAG
EUGEN
ULMER

Umschlagfoto:
Fuchsie 'Mission
Bells'
Frontispiz Seite 2:
Vielseitige
Verwendung von
Fuchsien als Ampel-
und Kübelpflanzen
in einem Vorgarten

Die Deutsche Bibliothek – CIP-Einheitsaufnahme

Manthey, Gerda:
Schöne Fuchsien / Gerda Manthey. – 2., durchges. Aufl. –
Stuttgart: Ulmer, 1991
  ISBN 3-8001-6457-4

© 1989, 1991 Eugen Ulmer GmbH & Co.
Wollgrasweg 41, 7000 Stuttgart 70 (Hohenheim)
Printed in Germany
Lektorat: Ingeborg Ulmer
Herstellung: Otmar Schwerdt
Einbandgestaltung: Alfred Krugmann
Mit einem Foto von Agnes Pahler
Zeichnungen: Kerstin Heß
Satz: Typobauer Filmsatz GmbH, Ostfildern 3
Druck und Bindung: Passavia Druckerei GmbH, Passau

Vorwort

Fuchsien mit ihren grazilen, ungewöhnlich hängenden Blüten sprechen den Pflanzenfreund und aufmerksamen Betrachter unmittelbar an. Wer einmal, vielleicht auf einer Ausstellung, die Gelegenheit hat, eine Auswahl gut gezogener Fuchsien in der richtigen Umgebung zu sehen, kann sich ihrem Charme kaum entziehen.

Die überwältigende Formen- und Farbenvielfalt der Blüten, niemals grell, von eher zurückhaltender Eleganz, präsentiert auf einer Palette unterschiedlich gezogener Pflanzen wie Stämmchen, Säulen, Pyramiden oder in voll blühenden Ampeln, erweckt spontan den Wunsch, so etwas Schönes selbst zu besitzen und einen ersten Versuch mit der Fuchsienkultur zu wagen.

Es ist wirklich kein Problem mehr, schöne Fuchsiensorten zu finden und zu erwerben. Mehr als tausend Sorten und Arten werden mittlerweile von deutschen Spezialgärtnereien angeboten. Die ständig wachsende Popularität der Fuchsien und die dadurch bedingte große Nachfrage hat diese erstaunliche Entwicklung in dem relativ kurzen Zeitraum der letzten zehn Jahre möglich gemacht.

Die Tatsache, daß man eine beachtliche Fuchsiensammlung schon auf einem kleinen Balkon unterbringen und pflegen kann, hat erfreulicherweise besonders viele junge Menschen zu Fuchsienfreunden gemacht. Sie sehen in der kreativen Beschäftigung mit den so dankbaren, jede Mühe reich lohnenden Fuchsien eine sinnvolle Freizeitgestaltung.

Viele Hobbies sind kostspielig. Jungpflanzen von Fuchsien hingegen sind nicht teuer. Die problemlose Vermehrung und die Freude, die jeder Erfolg mit sich bringt, machen einen großen Teil der Faszination in der Fuchsienkultur aus.

Dieses Buch wurde geschrieben, um den Anfänger bei seinen ersten Erfahrungen im Umgang mit Fuchsien zu begleiten. Es soll ihm Antwort auf viele zwangsläufig auftretende Fragen geben. Die Auswahl der beschriebenen Sorten wurde ganz bewußt auf starkwachsende, reichblühende und vielseitig verwendbare Fuchsien beschränkt. Sie sollen den Anfänger ermutigen und ihn motivieren, mit wachsender Erfahrung sich auch an die Kultur etwas anspruchsvollerer Sorten zu wagen.

Danken möchte ich Herrn Roland Ulmer und seinen Mitarbeitern aus Lektorat und Herstellung, die mit ihrer sorgfältigen Arbeit zum Gelingen des Buches wesentlich beigetragen haben. Den Fotographen gilt mein herzlicher Dank für ihre schönen Farbaufnahmen und der Graphikerin für die sehr informativen Zeichnungen.

Gerda Manthey

Inhaltsverzeichnis

Linke Seite:
'Deutsche Perle' als
Busch gezogen

In dieser Säulenform
kommen die Blüten
besonders schön zur
Geltung.
Anleitung Seite 53

Eine Zeichnung aus dem Jahr 1789 von *Fuchsia magellanica* var. *macrostemma* aus Curtis's Botanical Magazine, dort noch unter dem Namen *Fuchsia coccinea*

Geschichte der Fuchsienkultur

Es war Charles Plumier, ein Mönch und Botaniker, der gegen Ende des siebzehnten Jahrhunderts die erste Fuchsie entdeckte. Er fand sie auf einer seiner Reisen in Santo Domingo, der heutigen Dominikanischen Republik, und brachte die Nachricht von dem Fund nach Frankreich.

Entdeckung und Einführung nach Europa

Der am 20. April 1646 in Marseille geborene Charles Plumier trat mit 16 Jahren in den Orden der Minimen (mindeste Brüder) ein. Zunächst widmete er sich mathematischen Studien. Seine große Liebe zu den Pflanzen veranlaßte ihn aber schon bald, zur Botanik überzuwechseln. Er wurde zum bedeutendsten Forschungsreisenden seiner Zeit. Im Auftrag Ludwig des Vierzehnten machte er im letzten Jahrzehnt des siebzehnten Jahrhunderts mehrere erfolgreiche Forschungsreisen nach Südamerika. Sein vordringlicher Auftrag war es, Chinarindenbäume zu bestimmen, aus deren Rinde man Chinin, ein Medikament zur Bekämpfung der Malaria, gewann. Diese Krankheit wurde damals vielen Missionaren und Forschungsreisenden zum Verhängnis. Ironie des Schicksals war es, daß Charles Plumier vor Beginn seiner vierten Reise 1704 in Cadiz an den Folgen der Malaria sterben mußte.

Seine dritte Reise, 1695, führte ihn auch zu den karibischen Inseln. In Santo Domingo entdeckte er einen zierlichen Strauch, der durch seine leuchtend roten Blüten auffiel. Diesen beschrieb er in seinem 1703 in Paris erschienenen Buch »Nova Plantarum Americanum Genera« als *Fuchsia triphylla flore coccinea*, also dreiblättrige Fuchsie mit scharlachroten Blüten. Eine Zeichnung illustrierte diese erste Beschreibung. Einem schönen Brauch der damaligen Zeit folgend, benannte Charles Plumier seine neuentdeckte Pflanzenart nach einem Botaniker, nämlich Leonhart Fuchs. Dieser war 1501 in Wemding, Bayern, geboren worden und von 1535 bis 1566 Professor der Medizin an der Universität Tübingen gewesen. Leonhart Fuchs war vor allem durch sein Kräuterbuch »De historia stirpium commentari«, das 1542 in Zürich herausgekommen war, berühmt geworden, und schon ein Jahr später, 1543, hatte es eine deutsche Übersetzung »New Kreuterbuoch« gegeben. An seinem Geburtshaus in Wemding kann man noch heute eine Tafel bewundern, die die Stadt zu Ehren ihres großen Sohnes dort angebracht hat.

Carl von Linné (1707–1778), schwedischer Botaniker und Begründer der binären Nomenklatur, übernahm in seinem Werk »Species Plantarum« (1753) die Beschreibung mit Zeichnung der *Fuchsia triphylla flore coccinea* von Plumier, nannte sie aber, entsprechend seinem System, *Fuchsia triphylla*. *Fuchsia* bezeichnete nun die Gattung, *triphylla* die Art.

Diese Fuchsie hatte allerdings mit der heutigen als *F. triphylla* bezeichneten Art nichts zu tun.

Nachdem die Fachwelt einmal auf die neue Gattung *Fuchsia* aufmerksam geworden war, wurden im achtzehnten und neunzehnten Jahrhundert noch viele neue Arten entdeckt und nach Europa eingeführt:

1796 *F. lycioides*
nach Kew Gardens in England

Charles Plumier, Entdecker der Fuchsie

1824 F. arborescens
von Bullock aus Mexiko
1825 F. excorticata
von Richardson aus Neuseeland
1828 F. thymifolia
nach St. Petersburg und England
1829 F. microphylla
nach St. Petersburg und England
1830 F. fulgens
von J. Lee of Hammersmith verbreitet
1840 F. corymbiflora
1842 F. splendens
von Hartweg gesammelt
1844 F. apetala, F. decussata, F. serratifolia (heute F. denticulata)
von William Lobb eingeführt

Etwas Züchtungsgeschichte

Mit der schnellen Verbreitung der schönen neuen Fuchsien-Arten in Europa begannen auch bald die ersten Versuche der Gärtner, diese Arten untereinander zu kreuzen. Man wollte neue Sorten mit größeren Blüten oder anderen Farbkombinationen gewinnen. Erste Berichte von Züchtungen mit F. magellanica (coccinea) liegen uns aus England vor (1832). 'Globosa', heute noch vorhanden, war eines der Ergebnisse. 1839 entstand F. standishii, eine Hybride aus F. fulgens × F. magellanica.

Weitere Arten, mit denen die frühen Züchter arbeiteten, waren F. boliviana, F. corymbiflora, F. regia, F. denticulata und F. splendens.

Doch blieben zunächst alle Sorten rot/blau. Eine Sensation war das Entstehen der ersten Fuchsie mit weißem Kelch und purpurblauer Korolle. Sie entstand 1840 in einem englischen Pfarrgarten und wurde 'Venus Victrix' getauft. Heute wird angenommen, daß diese Farbveränderung das Ergebnis einer spontanen Mutation gewesen ist, wir diesen Durchbruch zu neuen Farben also der Natur zu verdanken haben.

1848 entstand bei Story die erste gefüllte Fuchsienblüte mit einer weißen Korolle. Etwa zur gleichen Zeit entstanden Sorten mit gestreiften Blüten wie 'Striata Perfecta' oder 'Bland's New Striped'. 1871 brachte James Lye eine Anzahl hervorragender Sorten heraus. Viele hatten einen cremeweißen wächsernen Kelch und leuchtend rote Korollen und wurden geradezu zu einem Markenzeichen des Züchters. 'Amy Lye', 'Lye's Unique', 'Beauty of Swanley' sind heute noch so gut wie eh und je.

Von den Erfolgsberichten aus England animiert – zeitgenössische Gartenzeitungen waren voll davon – nahmen auch französische und deutsche Gärtner bald die Züchtung auf.

In der 1844 erschienenen ersten Ausgabe des Buches von Felix Porcher über die Fuchsie, ihre Geschichte und Kultur waren 300 Arten und Sorten beschrieben. In der zweiten Ausgabe 1848 waren es bereits 520.

Lemoine, Vater und Sohn in Nancy, brachten allein über 400 neue Sorten heraus. Auch viele Sorten von Rozain-Boucharlat, Lyon, sind heute noch vorhanden. In Belgien arbeiteten zur gleichen Zeit so bekannte Züchter wie Cornelissen und de Coene, aber auch viele andere.

Deutsche Züchter, von denen wir heute noch Sorten finden, waren Koch, Twrdy, Weinrich, Hoppe und Pfitzer. Später kamen klangvolle Namen wie Klein, Eggebrecht, Kiese, Köhler, Teupel, Hartnauer, Rademacher, Mahnke und Schadendorf hinzu.

Das für die Fuchsien so erfolgreiche 19. Jahrhundert näherte sich seinem Ende, als noch einmal ein bedeutender Beitrag zu der Züchtungsgeschichte der Fuchsien von zwei deutschen Gärtnern geleistet wurde. Karl Bonstedt (1866–1953), Leiter des Botanischen Gartens in Göttingen, entwickelte aus F. triphylla × F. corymbiflora, später auch aus F. fulgens × F. corymbiflora, die Triphylla-Hybriden, auch traubenblütige Fuchsien genannt. Sorten wie 'Koralle', 'Göttingen', 'Thalia' oder 'Gartenmeister Bonstedt' wurden weltweit bekannt. Mit ihrem aufrechten Wuchs, dem schönen dunklen Laub und den langen eleganten Blüten in

'Leverkusen'
Beschreibung
Seite 75, Farbfoto
Seite 77

leuchtenden Farben brachten sie eine wirkliche Bereicherung des vorhandenen Sortiments.

Friedrich Rehnelt, Garteninspektor im Botanischen Garten Gießen, hat mit ähnlichen Zuchtlinien gearbeitet. 'Andenken an Heinrich Henkel', aus der 30 Jahre später 'Leverkusen' entstand, sei ein Beispiel. Mit dem ersten Weltkrieg und den harten Jahren danach setzte eine Ruhepause in der Entwicklung der Fuchsien ein. Die Menschen in Europa hatten andere Sorgen. Glashäuser mußten für den Anbau von Gemüse genutzt werden. Doch in manchem verschwiegenen Winkel konnten die meisten Fuchsien – zu unserer heutigen Freude – überleben.

Die Renaissance ging dann von Amerika aus. Mit der Gründung der American Fuchsia Society (AFS), der ersten Fuchsiengesellschaft der Welt, im Jahre 1929, wurden neue Impulse gesetzt. In Kalifornien, wo das Klima für Fuchsien, in Meeresnähe, besonders günstig ist, wurde die Züchtung wiederaufgenommen. Ausgangsbasis waren die in Europa entstandenen Sorten. Gezüchtet wurde hier fast ausschließlich von Fuchsienliebhabern, nicht von professionellen Gärtnern. Auch die verfolgten Zuchtziele waren andere. Neben reinweißen Blüten wurde Groß-

blütigkeit angestrebt, wobei die bisher bekannte Reichblütigkeit manchmal auf der Strecke blieb. Die Formen- und Farbenvielfalt, die in allen denkbaren Pastelltönen vom reinen Weiß über viele Schattierungen von Rosa bis Rot und Orange, herrlichen Kombinationen von weißem Kelch mit blauen Korollen oder rotem Kelch mit weißen oder hellblauen Korollen in den vergangenen fünfzig Jahren entstanden ist, ist schlicht überwältigend. Inzwischen sind etwa 10 000 Sorten registriert worden. Die Gründung der britischen Fuchsiengesellschaft, BFS, im Jahre 1938 setzte auch die Wiederbelebung der Fuchsienliebhaberei in Europa in Bewegung. Die BFS hat heute mehr als 6000 Mitglieder und gerade ihr fünfzigjähriges Jubiläum gefeiert. Die Niederlande folgten mit der Gründung des Kring van Fuchsiavrienden 1965.

Auch der Wunsch vieler Fuchsienfreunde in unserem Lande, einem beglückenden Hobby gemeinsam im Kreis gleichgesinnter Menschen nachzugehen, ging 1981 mit der Gründung der Deutschen Fuchsien-Gesellschaft in Erfüllung. Fast gleichzeitig entstanden Gesellschaften in fast allen europäischen Ländern. Was spricht mehr für die große Popularität der Fuchsien in der heutigen Zeit?

Die Fuchsien-Arten

Im Gegensatz zu den vielen schon relativ früh weit verbreiteten und beliebten, durch Kreuzungen, Auslese oder Mutationen entstandenen Sorten sind nur verhältnismäßig wenige der bis heute bekannten etwa 100 Fuchsien-Arten seit ihrer Einführung in Europa in Kultur. Vorwiegend in Botanischen Gärten wußte man ihre exotische Schönheit zu schätzen. Mit dem ständig zunehmenden Interesse an Fuchsien generell finden mehr und mehr auch die botanischen Arten Eingang in die Sammlungen der Liebhaber. Durch die Arbeit der vielen Fuchsiengesellschaften, durch die Spezial-Gärtnereien und durch Tausch sind umfassende Sammlungen von 60 und mehr Arten entstanden, und laufend kommen neue hinzu.

Gemeinsame Merkmale

Die Gattung *Fuchsia* gehört zur Familie der Nachtkerzengewächse (Onagraceae), wie unsere heimischen Weidenröschen *(Epilobium)* oder andere Nachtkerzen *(Oenothera)* sowie die Sommerblumen *Clarkia* und *Godetia*.

Die Blätter sind gegenständig oder quirlständig, seltener stehen sie auch einzeln an den Knoten, dann aber wechselständig.

Die Blüten entstehen meist einzeln oder zu mehreren in den Blattachseln, sind aber auch endständig, traubig oder rispig angeordnet. Die Blüten der Fuchsien sind vierzählig. Sie besitzen einen unterständigen Fruchtknoten und eine unterschiedlich lange Kelchröhre. Im Fruchtknoten befinden sich die Samenanlagen.

Die Blütenkrone (Korolle) setzt sich zusammen aus
– vier Blütenblättern = einfach
– fünf bis sieben Blütenblättern = halbgefüllt
– acht und mehr Blütenblättern = gefüllt.

Die acht Staubblätter und der lange Griffel ragen meistens aus der Blütenkrone hervor, seltener sind sie eingeschlossen.

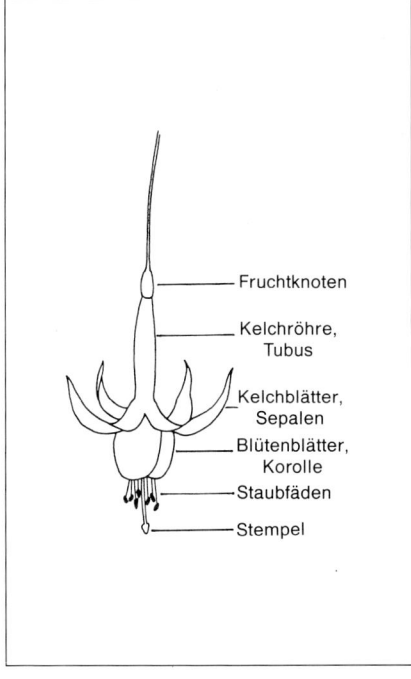

Aufbau der Fuchsienblüte. Die Begriffe sind wichtig zum Verständnis der Sortenbeschreibungen ab Seite 57

- Fruchtknoten
- Kelchröhre, Tubus
- Kelchblätter, Sepalen
- Blütenblätter, Korolle
- Staubfäden
- Stempel

Fuchsien tragen in der Regel sowohl Frucht- als auch Staubblätter in einer Blüte. Ausnahmen von dieser Regel machen einige Arten, bei denen es weibliche und männliche Pflanzen oder Übergangsformen gibt.

Links:
F. magellanica,
winterharte Art der
Sektion Quelusia
Beschreibung
Seite 15 und 50
Rechts:
F. pringsheimii,
Sektion Fuchsia

Herkunft und Vorkommen in der Natur

Ihre ursprüngliche Heimat haben die Fuchsien wahrscheinlich in den peruanischen Anden. Von hier aus verbreiteten sie sich nach Norden bis Venezuela und über die mittelamerikanische Brücke bis nach Mexiko. Nach Süden wanderten sie bis Tierra del Fuego zur Magellanstraße und Feuerland. Westwärts über den Pazifischen Ozean gelangten einige Arten sogar bis nach Neuseeland und Tahiti. Das natürliche Verbreitungsgebiet der Fuchsien erstreckt sich somit über eine Distanz von 10000 Kilometern und reicht vom südlichen Nordamerika über Guatemala, Honduras, El Salvador, Costa Rica, Panama, Kolumbien, Venezuela, Ekuador, Brasilien, Bolivien, Peru, Chile und Argentinien bis nach Feuerland, und eine Vielzahl von Arten und Varietäten findet hier ihren Lebensraum.

Obwohl die Fuchsien in tropischen Regionen beheimatet sind, können wir sie doch nicht als Tropenpflanzen im eigentlichen Sinne ansehen. Sie wachsen vorwiegend an Berghängen bis auf etwa 3000 m Höhe im oder am Rande des Regenwaldes. Nur in den südlichsten Verbreitungsgebieten verlassen sie die Berge und finden an Hängen bis hinab ins Tal noch die ihnen zusagenden Lebensbedingungen.

Einteilung der Fuchsien-Arten in Sektionen

Wie bereits erwähnt, sind mehr als 100 Fuchsien-Arten bisher bekannt. Die sich nahestehenden Arten werden in der botanischen Systematik jeweils in Sektionen zusammengefaßt. Man unterscheidet neun Sektionen.

Links:
F. tillettiana,
Sektion Hemsleyella
Rechts:
F. boliviana 'Alba'
Beschreibung
Seite 16

Sektion Quelusia

Die Arten, die ganz offensichtlich als Fuchsien zu erkennen sind, gehören in diese erste Sektion, z.B. *F. magellanica* und *F. regia*. Auch die meisten Cultivare sind als *F. hybrida* dieser Sektion zuzuordnen.

Fuchsien dieser Sektion haben einen Tubus (Kelchröhre), der nicht länger ist als die Sepalen (Kelchblätter). Die Staubbeutel, an langen Staubfäden, ragen weit aus der Korolle (Blütenkrone) hervor. Typisch sind auch der rote Kelch und die blaue oder purpurne Korolle. Nur in dieser Sektion finden wir das tiefe Purpurblau.

F. magellanica Lam.

Diese Wildform aus der Sektion Quelusia und ihre Varietäten und Primärhybriden sind auch in unserem Klima winterhart und darum von besonderer Bedeutung.

Der Strauch wächst locker, aufrecht und wird im Garten 1–1,5 m hoch. Die Blätter, zierlich, eiförmig, sitzen gegenständig oder in Quirlen zu dritt an dünnen, unbehaarten Stielen. Sie sind 2–2,5 cm lang und fein gezähnt.

Die Blüten erscheinen zahlreich – häufig zu viert aus einer Blattachsel – am oberen Drittel der Zweige. Sie sind lang, schmal mit rotem Tubus und Sepalen und einer violett-purpurnen Korolle mit weit herausragenden roten Staubfäden. Die lange Blütezeit von Anfang Juli bis zum ersten Frost macht diese Art zu einem dankbaren Gartenstrauch.

F. magellanica var. molinae
Espinosa, syn. *F. m.* var. *alba*

Von den winterharten Arten ist *F. m.* var. *molinae* bei uns die härtere. Nach milden Wintern treibt sie sogar am alten Holz wieder aus. Der Strauch ist von straffem,

Sorten und Verwendung von *F. magellanica* Seite 50

aufrechten Wuchs. Im Garten erreicht er 1,50–2 m in einer Saison. Zweige und Laub sind einheitlich hellgrün. Die zierlichen rahmweißen Blüten werden bei sonnigem Stand blaßrosa. Für kleinere Gärten sind die von englischen Züchtern entwickelten Sorten 'Mrs W. P. Wood' oder 'Hawkshead' – beide haben *F. m.* var. *molinae* als einen Elternteil – vielleicht besser geeignet. Sie haben die gleichen, zauberhaften rahmweißen Blüten, werden aber nur etwa 80 cm hoch.

Sektion Fuchsia

Dies ist die größte Sektion; sie umfaßt 61 Arten. Nach den Regeln moderner Nomenklatur trägt diese Sektion den Namen Fuchsia, weil sie den Art-Typus *(F. triphylla)* enthält. Ursprünglich war sie Eufuchsia benannt. Alle Arten dieser Sektion haben einen sehr langen Tubus und kleine, kurze Sepalen. Die Farbskala ist auf verschiedene Rot-Töne beschränkt, die oft mit Grün abgesetzt sind. Einige Arten wachsen als Sträucher, andere sind Kletterpflanzen oder Epiphyten. Die Blätter stehen meist zu dritt quirlständig.

In Kultur sind nur wenige Arten, wie

F. boliviana	*F. sanctae-rosae*
F. denticulata	*F. triphylla*
F. gehrigeri	*F. venusta*
F. magdalenae	*F. wurdackii*
F. pringsheimii	

Farbfoto
F. denticulata
Seite 18

Farbfoto *F. boliviana*
'Alba' Seite 15

Fuchsia boliviana 'Alba' Harrington

Vom Norden Argentiniens bis Süd-Peru findet man *F. boliviana* und ihre Formen im feuchten Dickicht des Regenwaldes in Höhen von 1000–3000 m.

Es sind aufrechte, buschige Sträucher oder kleine Bäume. Die jungen Zweige sind fein grauweiß behaart, die älteren verholzt, mit gespaltener Rinde. Die Blätter sind gegenständig und können bis 23 cm lang werden.

Die Blüten erscheinen zahlreich in endständigen Trauben. Sie haben einen sehr langen weißen Tubus mit schmalen, zugespitzten, ebenfalls weißen hochgestellten Sepalen und eine rote Korolle. Die zylindrischen, bis 20 mm langen Fruchtbeeren werden dunkelpurpurn.

Die vorstehend beschriebene Form von *F. boliviana* wurde 1849 von Harrington als *F. corymbiflora alba* beschrieben und war lange unter diesem Namen in Kultur; zu Unrecht, wie man heute weiß.

Die echte *F. corymbiflora* war offenbar nie in Kultur. Sie unterscheidet sich von *F. boliviana* durch feinere Behaarung, kürzere Blütenstände und nicht hochgestellte Sepalen. *F. boliviana* ist in vielen Sammlungen zu finden und als Schmuckstück im Treibhaus mit ihren langen, eleganten Blüten leicht zu kultivieren. Im Sommer schätzt sie einen Aufenthalt im Freien.

Fuchsia denticulata Ruiz & Pavon
syn. *F. serratifolia*

F. denticulata hat ihre Heimat in Peru und Bolivien. Vorkommen gibt es sowohl an den trockenen Hängen der Zentral-Kordilleren, wie auch in feuchten Quellgebieten an den Osthängen der Peruanischen Anden, in Höhen von 2800–3500 m. Sie wächst als aufrechter Strauch mit flexiblen Zweigen. Die jungen Zweige sind grün bis weinrot, ältere sind bräunlich mit ablösender Rinde. Die Blätter stehen drei- bis vierzählig, manchmal gegenständig, sind oval-lanzettlich, glänzend dunkelgrün, leicht gezähnt.

Der zylindrische Tubus ist glatt und fest, wachsartig, rosa bis hellrot. Die sehr schmalen zugespitzten Sepalen sind von gleicher Farbe mit grünen oder weißen Spitzen und Rändern, oft auch völlig weiß. Die kurze Korolle ist rot mit hellroten Staubfäden.

In der Kultur ist *F. denticulata* problemlos. Sie stellt keine besonderen Ansprüche. Wegen ihrer Starkwüchsigkeit verwenden wir sie als Busch oder Spalier. Hochstämme mit dem herrlichen Farbkontrast von Laub und Blüten wirken sehr ansprechend. Wie bei vielen Arten setzt die Hauptblüte erst im Spätsommer ein. Bei Temperaturen von 12 °C bis 15 °C blüht *F. denticulata* dann bis zum Frühjahr.

F. venusta Humboldt, Bonpland & Kunth

Fuchsia venusta ist in Kolumbien und Venezuela beheimatet. Dort wächst sie im Regenwald der Kordilleren vorwiegend an Waldrändern und Flußufern in einer Höhe von 1800 bis 2700 m. Sie bildet einen aufrechten Strauch mit flexiblen Zweigen oder klettert als Liane bis 10 m Höhe.

Die jungen Triebe sind weinrot und fein behaart. Die Blätter, gegenständig oder dreizählig, haben eine dunkelgrüne, glänzende Oberseite, sind ganzrandig, bis 11 cm lang.

Die Blüten stehen einzeln in den oberen Blattachseln und als mehrblütige Traube am Ende der Triebe. Der trichterförmige Tubus ist leuchtend orangerot, die Sepalen von gleicher Farbe sind schmal und hübsch gewellt. Die kurze Korolle ist etwas dunkler rot.

F. venusta gehört zu den schönsten Wildfuchsien und wird auch von mehreren Fuchsiengärtnereien angeboten. Da sie sehr frostempfindlich ist, sollte sie im Herbst frühzeitig in das Gewächshaus gebracht werden und dort bei 10–12 °C überwintern.

Sektion Kierschlegeria

Diese Sektion hat nur eine Art, *F. lycioides*, aufzuweisen. Typisch sind die kurzen Dornen, die als Relikt der Blattmittelrippe an der Pflanze verbleiben, wenn das Blatt abgefallen ist. Diese Art wurde in der Atacama-Wüste in Chile gefunden. Dort soll sie den größten Teil des Jahres blattlos stehen und die kleinen rosa Blüten an den Zweigenden tragen. *F. lycioides* ist zwar seit einigen Jahren – echt – in Kultur, was aber häufig unter diesem Namen angeboten und kultiviert wird, ist eine Hybride der *F. magellanica*.

Sektion Skinnera

Diese Sektion umfaßt die Arten, die in Tahiti und Neuseeland beheimatet sind. Sie weisen besondere charakteristische Merkmale auf. So sind unter den vier bekannten Arten sowohl der höchste Baum dieser Gattung als auch eine kriechende, nur 5 cm hohe Art anzutreffen, andere sind Sträucher oder Kletterpflanzen.

Wegen ihrer exotischen Blüten sind alle Arten der Sektion Skinnera interessante Pflanzen. Sie können den Sommer im Garten verbringen. Überwintert werden sie bei 10–12 °C im Gewächshaus.

F. procumbens. Die kriechende Art hat einen gelben Tubus mit braunen Sepalen und keine Petalen. Die gelben Blüten mit blauen Pollen stehen aufrecht, die Früchte sind sehr dekorativ. Ausgereift sehen sie wie kleine Pflaumen aus. Diese Art ist auch bei uns ziemlich winterhart und hübsch als Polsterpflanze im Steingarten zu verwenden. *F. kirkii* ist keine eigene Art, sondern die männliche Form von *F. procumbens.*

F. excorticata ist in ihrer Heimat ein bis zu 10 m hoher Baum mit brauner Rinde, die sich oft in Streifen vom Stamm löst. Die langen Blüten sind anfangs grün-gelb und verfärben sich später bräunlich-violett.

F. perscandens ist ein Kletterer mit ähnlichen Blüten wie *F. excorticata.*

F. × colensoi ist ein unordentlich wachsender Strauch. Sie ist eine natürlich entstandene Hybride zwischen *F. excorticata* und *F. perscandens.*

Sektion Hemsleyella

Die Arten dieser Sektion sind in den gleichen Gebieten heimisch wie die Arten der Sektion Fuchsia. Typisch sind Blüten ohne Petalen *(F. apetala)* und die Neigung, die Blätter abzuwerfen, wenn die Blüten erscheinen. In den USA ist *F. tillettiana* in Kultur.

Farbfoto *F. venusta* Seite 18

Farbfoto *F. procumbens* Seite 19

Farbfoto *F. tillettiana* Seite 15

Sektion Elobium

Die drei Arten dieser Sektion besitzen einen verdickten, knolligen Wurzelstock.

F. fulgens De Candolle

F. fulgens stammt aus Mexiko. Die Blätter sind grau-grün, schwach behaart und sehr groß. Sie werden bis zu 20 cm lang und bis zu 12 cm breit. Die Blüten stehen in vielblütigen Trauben am Ende der Triebe. Der mennigrote Tubus ist 10 cm lang, die zugespitzten Sepalen sind von gleicher Farbe mit grünen Spitzen. Die kurze Korolle ist scharlachrot. Die langen, zylindrischen Fruchtbeeren sind glänzend hellgrün, leicht hökerig und schmücken die Pflanze zusätzlich. Eine Besonderheit sind die für Fuchsien ungewöhnlich verdickten, knolligen Wurzeln. *F. fulgens* wurde von frühen Züchtern häufig in weniger robuste Arten eingekreuzt, zum Bei-

spiel bei der Entwicklung der Triphylla-Hybriden.

Die Überwinterung sollte bei wenigstens 10 °C erfolgen.

F. splendens Zuccarini

Mexiko und Costa Rica sind die Heimat von *F. splendens*. Sie bildet einen kräftigen, vielverzweigten Strauch von überhängendem Wuchs. Die graugrünen Blätter sind herzförmig, leicht behaart und gegenständig. Die achselständigen Blüten haben einen abgeflachten, hellroten Tubus. Sepalen und Korolle sind gelb, kurz mit eingeschlossenen Staubfäden. Auch bei dieser Art finden wir den knollig verdickten Wurzelstock, der am oft heißen, trockenen Naturstandort als Wasserspeicher dient.

Als ausgesprochener Winterblüher braucht *F. splendens* im Gewächshaus mindestens 12 °C.

18

Links:
F. procumbens
Beschreibung
Seite 17
Rechts:
F. arborescens
Beschreibung unten

Sektion Jímenezía

Eine Art wurde erst kürzlich entdeckt und ist bei uns noch nicht bekannt.

Sektion Schufia

Dieser Sektion werden zwei Arten zugeordnet.

Beide Arten, mit ihrem für Fuchsien ungewöhnlichen Blütenstand, sind dekorative, reichblühende Pflanzen für die Terrasse oder den Garten. Wegen der großen Blattmassen mussen die Töpfe entsprechend groß gewählt werden, damit immer ausreichend Nahrung zur Verfügung steht. Überwintert werden die Pflanzen bei 10–12 °C im Gewächshaus.

F. arborescens hat kleine Blüten in Rispen wie der Flieder (syn. *F. syringaeflora*, Fliederfuchsie). Die Blätter sind ganzrandig und glänzend, die Blüten rosa und hermaphrodit. Die Art setzt viele Früchte an. An den 6 m hohen Bäumen sind Fruchtstände und Blüten gleichzeitig vorhanden. Die Art hat ihr Hauptvorkommen in Zentralmexiko.

F. paniculata hat kleine purpurfarbene Blüten in lockeren Rispen. Die Blätter sind an den Rändern leicht gezähnt. Die Art ist zweihäusig, d. h. es gibt männliche und weibliche Pflanzen. Sie setzt wenig Samen an. Sie ist in Südmexiko und Panama beheimatet.

Sektion Encliandra
(syn. Breviflora)

Die Arten dieser Sektion bilden kleine Sträucher mit kleinen, oft farnartigen Blättern und sehr kleinen weißen, rosa oder roten Blüten, die einzeln in den Blattachseln sitzen. Der Sektion werden sechs Arten und eine natürliche Hybride zu-

19

geordnet. In der Sektion Encliandra, die in Mexiko und Mittelamerika beheimatet ist, existiert jede Art in zwei Formen. Die Blüte der einen Form ist weiblich und bringt keinen fruchtbaren Pollen hervor. Diese Form ist immer kleiner als die zweite Form, die je nach der Art entweder männliche oder perfekte (vollständige) Blüten hat. Befruchtet werden die Arten der Sektion Encliandra durch Kolibris, aber häufig auch durch verschiedene Insekten, in Europa von Bienen. Als Folge davon gibt es in der Kultur eine große Anzahl von Kreuzungen zwischen Arten, die in der Natur nie zusammen in einer Gegend vorkommen.

Nach einer neueren Untersuchung sind beinahe alle heute kultivierten Pflanzen der Sektion Encliandra Hybriden, die aus *F. × bacillaris* entstanden sind. Diese wiederum ist selbst eine 1830 entstandene Hybride zwischen *F. microphylla* ssp. *microphylla* und *F. thymifolia* ssp. *thymifolia*.

Alle Pflanzen dieser Sektion sind hübsche, zierliche Topfpflanzen. Sie können zwar den Sommer im Freien verbringen, müssen aber bei Temperaturen von wenigstens 10–12 °C überwintert werden. Wenn die Arten hell stehen können und ihr Laub behalten, setzt die Blüte sehr früh im Jahr wieder ein.

Kultur und Pflege

Am Naturstandort wachsen Fuchsien in temperierten Höhenlagen, im Unterholz des Waldes oder am Waldrand. Sie wurzeln dort in einem humusreichen Boden, der einen guten Wasserabzug garantiert, gleichzeitig aber die Wurzeln gleichmäßig feucht und kühl hält. Die Luftfeuchtigkeit ist hoch, und Licht und Sonne werden durch hohe Bäume gefiltert. Wir sollten versuchen, unseren Fuchsien in der Kultur ähnliche Lebensbedingungen zu schaffen. Je mehr uns das gelingt, um so größer ist der Erfolg.

Standortansprüche

Ideale Standorte sind Balkone oder Terrassen an der Ostseite des Hauses. Die Pflanzen bekommen hier helles Licht, einige Stunden der milden Morgensonne und sind so vor den sengenden Strahlen der Mittagssonne geschützt. Westseiten, auch noch Nordwest- oder Südwestseiten, sind die zweitbeste Lösung und werden von den meisten Fuchsien-Sorten toleriert. Die sanfteren Strahlen der Nachmittagssonne genügen, um gutes Wachstum und reichen Blütenansatz zu bewirken. Wenn uns nur eine Südlage zur Verfügung steht, wir aber auf Fuchsien nicht verzichten möchten, müssen wir schon etwas mehr Aufwand auf uns nehmen und das Kleinklima verbessern. Markisen, berankte Pergolen oder Lattengerüste sollten für Schatten sorgen und Boden und Umgebung der Pflanzen müssen häufig überbraust werden, damit die Luftfeuchtigkeit erhöht wird. Triphylla-Hybriden und viele orangefarbene Sorten sind im allgemeinen gut sonnenverträglich.

Im Prinzip gilt für Fuchsien wie für alle Pflanzen: je idealer der Standort, desto einfacher die Kultur.

Substrate

Damit Fuchsien optimal gedeihen, müssen die Substrate locker und porenreich aber doch strukturstabil und vergießfest sein. Sie sollten im schwach-sauren bis neutralen Bereich liegen (ph-Wert 6,4 bis 7,0), guter Wasserabzug und gute Sauerstoffzufuhr sind lebensnotwendig für das Wurzelsystem der Fuchsien. Bei wenigen Pflanzen und geringem Bedarf wird man mit den industriell hergestellten Fertigerden auskommen. Es wäre aber verhängnisvoll, hier zu sparen. Billige Beutelerden bestehen oft nur aus Schwarztorf und Klärschlamm und sind für Fuchsien nicht geeignet. Wir kaufen bewährte Markenfabrikate mit einem Anteil an Tonerde oder TKS. Beide enthalten ein gleichbleibendes Nährstoffangebot, also einen Vorratsdünger für sechs bis acht Wochen. Reine Torfsubstrate dürfen nie austrocknen und müssen immer gleichmäßig feucht gehalten werden. Sind sie doch einmal trocken geworden, läuft beim Gießen das Wasser am Topfrand ab, ohne den Wurzelballen zu durchdringen. Als einzige Lösung dieses Problems bleibt dann nur das längere Tauchen der Pflanzen in einem Eimer Wasser. Alle Torfsubstrate lassen sich aber durch Beimengen von Garten- oder Landerde besser wasserhaltend machen.

Gartenbesitzer, die selbst Kompost herstellen, können auch Fuchsienerden gut selbst zubereiten.

Eigene Erdmischungen, sogenannte Praxiserden, mit einem Anteil Garten-

Fuchsien im Balkonkasten, ein zierlicher und üppiger Schmuck

oder Ackererde, haben gegenüber Torfsubstraten folgende Vorteile:
- sie besitzen besseres Wasserhaltevermögen, das heißt, sie trocknen nicht so schnell aus;
- pH-Wert-Schwankungen werden besser ausgeglichen;
- überhöhte Salzkonzentrationen durch Dünger oder Gießwasser werden besser gepuffert oder abgeleitet.

Eine für die Fuchsienkultur langjährig erprobte Standardmischung läßt sich aus folgenden Komponenten mischen:
1 Eimer Kompost (gut ausgereift)
1 Eimer Garten- oder Ackererde
2 Eimer Weißtorf (grobfaserig in Ballen)
$\frac{1}{2}$ Eimer Rheinsand (Körnung 0–3 mm)
Ausgehend von einem Eimer mit 20 l Fassungsvermögen ergibt diese Mischung etwa 100 l Erde. Dieser Mischung werden als Vorratsdüngung zugefügt:
300 g kohlensaurer Kalk
250 g grobe Hornspäne
100 g gedämpftes Knochenmehl

250 g Oscorna, Hornoska oder Manna Spezial
300 g getrockneter Rinderdung
100 g Patentkali
ein 12er Topf zerstoßene Holzkohle.

Holzkohle hat eine desinfizierende Wirkung und bindet toxische Stoffe.

Diese Mischung kann auf Vorrat hergestellt werden. Sie ist ohne schädlichen Abbau für einige Zeit lagerfähig.

Im Frühjahr, wenn Balkonkästen und große Kübel mit Fuchsien bepflanzt werden müssen, der Bedarf an Substraten also groß ist, haben sich die Langzeit- oder Depotdünger bewährt. Der oben beschriebenen Standardmischung werden davon pro Liter zugesetzt:
3,0 g Osmocote 15-12-15 oder
1,5 g Plantosan 20-10-15 oder
2,0 g Triabon 16-8-12

Bei Verwendung von Osmocote müssen Spurenelemente extra zugesetzt werden, z. B. Radigen oder Fetrilon Combi

22

Mit Ampeln kann
auch der kleinste
Balkon zum
blühenden Garten
werden.
Die Sorte trägt zu
Recht den Namen
'Balkonkönigin'

nach Dosierung der Hersteller. Von den Langzeitdüngern wird leider nur Osmocote in Kleinpackungen angeboten. Triabon und Plantosan in 25-kg-Säcken.

Alle Substrate mit Langzeitdünger sollten bald verbraucht werden. Bei längerer Lagerung werden die Nährstoffe freigesetzt, ohne den Pflanzen zugute zu kommen. Im Extremfall können Wurzelschädigungen durch überhöhten Salzgehalt auftreten.

Noch ein Tip für Balkongärtner ohne Garten: Erde von Maulwurfshügeln, bei Spaziergängen gesammelt, ist gut geeignet zur Verbesserung von Fertigerden mit hohem Torfanteil. Auch Bentonit, ein Tonmehl, manchmal als Edasil im Handel, verbessert die Wasserhaltefähigkeit von Torfsubstraten. Man rechnet 500 g Bentonit auf 20 l Substrat.

Die besten oft mühsam beschafften Zutaten wären verschwendet, wenn die Erdmischungen daraus nicht sorgfältig hergestellt würden. Zunächst müssen alle Stoffe genau gewogen oder abgemessen werden. Erde darf keinesfalls naß und klebrig, sondern nur schwachfeucht, der Torf hingegen nicht völlig trocken, also ebenfalls schwachfeucht, verarbeitet werden. Mit dem trockenen Sand werden zuvor alle Düngerzusätze gründlich vermischt. Dann wird schichtweise alles auf dem Boden oder in einer Wanne ausgebreitet und so lange gründlich umgeschaufelt, bis alle Zutaten in der gesamten Mischung gleichmäßig verteilt sind. Profis oder Heimwerker setzen dazu arbeitssparend Betonmixer ein.

Spezialsubstrate für Aussaaten oder für die Stecklingsvermehrung werden in den entsprechenden Kapiteln beschrieben.

Düngung

Fuchsien, als laubabwerfende Gehölze, müssen in relativ kurzer Zeit vom Frühjahr bis zum Herbst ihre gesamte Entwicklung vollbringen. Der Aufbau der Pflanze, die große Blattmasse und die vielen Blüten wollen ausreichend ernährt

werden, wenn das Ergebnis optimal sein soll.

Für die ersten drei Monate sind im Substrat genügend Nährstoffe vorhanden. Ab Anfang August etwa ist zusätzliche Düngung unerläßlich. Zur wöchentlichen Nachdüngung nimmt man am besten handelsübliche Mehrnährstoffdünger in flüssiger Form.

Um die für Fuchsien besonders geeigneten Flüssigdünger aus dem großen Angebot herauszufinden, sollten wir deshalb den Flaschenaufdruck sorgfältig studieren. Die Buchstaben N-P-K mit den Zahlen dahinter, die das Verhältnis der enthaltenen Nährstoffe angeben, sind aufschlußreich.

Grundnährstoffe und Spurenelemente

N (Stickstoff) sorgt für den Aufbau der Pflanzen und störungsfreies, zügiges Wachstum.

P (Phosphor) ist als Ausgleich zum Stickstoff wichtig. Er fördert das Wurzelwachstum besonders der jüngeren Pflanzen und hat Einfluß auf Blüten- und Fruchtbildung.

K (Kalium) spielt im Pflanzenleben eine wichtige Rolle bei der Photosynthese und der Bildung von Chlorophyll. Es gleicht die Wirkung von N und P aus. Kalium ist wichtig für den Aufbau kräftiger Pflanzen, erhöht die Widerstandsfähigkeit gegen Krankheiten und verbessert die Farben der Fuchsienblüten. Es beschleunigt die Holzreife, folglich überwintern die Pflanzen besser.

Spurenelemente sind in allen Markenfabrikaten richtig dosiert vorhanden.

Grundsätzlich benutzen wir bei der Anzucht der Pflanzen im Frühjahr einen stickstoffbetonten Blattdünger, etwa 28-14-14 oder 14-10-14. Später in der Saison, wenn sich die ersten Knospen zeigen, wechseln wir zu Düngern mit höherem Phosphor- und Kaliumanteil, etwa 15-30-15 oder 8-12-16, den sogenannten Blütendüngern, über.

Blattdüngung

Fuchsien sind einerseits starke Nährstoffzehrer, andererseits als Jungpflanzen besonders salzempfindlich im Wurzelbereich. Um dieses Problem zu überbrükken, geben wir während der Anzuchtphase den notwendigen Dünger vorwiegend als Blattdüngung über das Laub. Mit einer Sprühflasche werden Flüssigdünger wie Mairol, Polycrescal oder Wuxal (2 g auf 1 Liter abgestandenes Wasser) fein über alle Teile der Pflanzen vernebelt.

Organische Dünger

Organische Dünger mischen wir in der Regel unseren selbst hergestellten Substraten bei. Sie werden als getrockneter Rinderdung, Geflügeldünger (Guano), Hornmehl und -späne, Knochenmehl, Blutmehl oder in Mischungen dieser Stoffe (Oscorna, Animalin, Manna Spezial) im Handel angeboten. Alle sind gute Humusspender, die ihre Nährstoffe langsam und gleichmäßig an die Pflanzen abgeben. In der Wirkung sind sie allerdings stark abhängig von der jeweils herrschenden Temperatur. In kühlen Sommern, wenn das Thermometer für längere Zeit unter 20 °C fällt, können sie keine Nährstoffe freisetzen, so daß man dann doch vorübergehend auf anorganische Dünger zurückgreifen muß.

Bewässerung

Fuchsien sind durstige Pflanzen. Die vielen Blätter verdunsten ständig eine Menge Wasser, das wir ergänzen müssen. In der Hauptwachstumszeit ist daher tägliches Gießen erforderlich; bei Sonnenschein und an windigen Tagen oft sogar zweimal täglich. Selbst in Regenzeiten wirkt das dichte Blätterdach wie ein Regenschirm und der Topfballen darunter bleibt trocken, wenn wir nicht mit der Gießkanne nachhelfen. Andererseits muß mit Überlegung gegossen werden.

Düngeregeln auf einen Blick

1. Niemals eine trockene Pflanze düngen, gegebenenfalls erst durchdringend gießen, dann düngen.

2. Niemals eine kränkelnde Pflanze düngen, der Dünger würde dieser Pflanze »den Rest« geben. Erst die Ursache der Krankheit herausfinden und beseitigen.

3. Niemals in praller Sonne düngen, sondern in den Abendstunden oder an verhangenen Tagen.

4. Niemals in zu hoher Konzentration düngen. Einmal wöchentlich mit der Hälfte der vom Hersteller angegebenen Menge hat sich bewährt.

5. Regelmäßig düngen, am besten nach dem Kalender.

6. Stecklinge und Jungpflanzen über das Laub düngen.

7. Gerade umgepflanzte Fuchsien erst nach vollständiger Einwurzelung im neuen Topf düngen.

8. Ende August oder Anfang September jegliche Düngung einstellen. Das Holz muß in den Wochen vor der Einwinterung ausreifen.

Die wichtigsten Regeln für die Düngung

Die Topfballen sollten feucht, doch nicht ständig naß gehalten werden. Dauernde Nässe verdrängt den lebensnotwendigen Sauerstoff aus der Erde. Die Folge davon sind abgestorbene und faulende Wurzeln, die ihre Funktion, Wasser und Nährstoffe aufzunehmen, nicht mehr erfüllen können. Die meisten Fuchsien sterben wohl an zu nassen und darum kalten »Füßen«. Die Gärtner sprechen von »Vergießen«. Darum sollte man niemals die Wasserversorgung der Fuchsien als Routine-Pflicht erledigen, sondern noch feuchte Töpfe bis zum nächsten Tag übergehen. Absolut tödlich für Fuchsien ist ein ständiges Fußbad in Übertöpfen oder Untersetzern wie es an Regentagen oder bei übermäßigem Gießen bald entsteht. Öfteres Kontrollieren und Ausleeren bewahrt uns vor Schaden. Völlig austrocknen dürfen Fuchsien auch nicht. Diese Gefahr ist jedoch nicht so groß, weil man den Pflanzen den Durst bald ansieht: sie »schlappen«. Ist dies trotz aller Sorgfalt einmal passiert, tauchen wir den ganzen Topf in ein Wassergefäß, dem wir zur Entspannung einige Tropfen Spülmittel zugesetzt haben.

Hilfsmittel, die das Bewässern erleichtern

Die meisten Fuchsienliebhaber kommen mit einer Gießkanne und allenfalls noch einer Sprühflasche aus. Hat man aber eine große Sammlung zu versorgen, findet man im Fachhandel Gieß- und Brauseköpfe mit und ohne Verlängerungsrohren, die einfach an einen Schlauch angeschlossen werden können. Das Angebot ist heute so vielfältig, daß sich für jeden Bedarf das Geeignete finden läßt.

Sehr praktisch und arbeitssparend sind auch die Balkonkästen oder Kübel mit Wasservorrat im doppelten Boden. Wasserstandsanzeiger oder Feuchtigkeitsfühler zeigen exakt an, wann für Nachschub gesorgt werden werden muß. Diese Gefäße sind besonders vorteilhaft für Leute, die viel abwesend sind, sei es durch Beruf oder Reisen.

Da das Angebot an Kastensystemen bis hin zu kompletten Tröpfchenbewässerungsanlagen vielfältig und unterschied-

Hauptthema dieses Vorgartens sind die Fuchsien

26

lich ist, sollte man im Fachhandel sich beraten lassen, bevor man Geld in diese wirklich arbeitssparenden, zuverlässigen Helfer investiert. Nicht alles, was angeboten wird, hat sich in der Praxis auch bewährt. Für Treibhaustische sind die wasserspeichernden Matten aus Kunststoffvliesen sehr zu empfehlen. Sie sorgen für stets gleichmäßige milde Feuchtigkeit.

Ausputzen und Aufbinden

Ein wichtiger Teil der Fuchsienpflege ist das fortlaufende Entfernen der verblühten Blumen und Fruchtstände. Nur wenige Sorte werfen diese selbst ab, putzen sich also ohne unser Zutun. Wenn wir den Pflanzen die Ausbildung des Samens ersparen, können sie ihre Energie auf den Ansatz neuer Blüten konzentrieren. Bei der Gelegenheit entfernen wir auch gelbgewordene oder angefressene, beschädigte Blätter. Hin und wieder im Laufe des Sommers müssen zu lang gewordene Triebe aufgebunden oder eventuell auch zurückgeschnitten werden. Bei Sorten mit großen und schweren Blüten sollten die Einzeltriebe sorgfältig und unauffällig mit dünnen Stäben gestützt werden, um Windbruch zu verhüten.

Schädlinge

Große Aufmerksamkeit ist zu jeder Zeit dem Befall der Pflanze mit tierischen Schädlingen zu widmen. So oft es unsere Zeit erlaubt, kontrollieren wir die Fuchsien und können rechtzeitig, bevor sich der Befall auf die ganze Sammlung ausgebreitet hat, entsprechende Gegenmaßnahmen einleiten. Bei der großen Produktivität der Tierchen kann uns das Problem leider schnell über den Kopf wachsen. Wir sollten darum den Anfängen wehren. Von den Blattläusen, grünen, gelbweißen, schwarzen abgesehen, die meistens gut sichtbar an den weichen Triebspitzen oder den Blütenstielen schmarotzen, verstecken sich Weiße Fliege, Rote Spinne

oder Thripse an den Blattunterseiten. Darum werden sie von Anfängern mit noch ungeübtem Auge oft zu spät bemerkt.

Überwinterung der Fuchsien

Die Fuchsien gehören zu den laubabwerfenden Gehölzen und können viele Jahre alt werden. Am Naturstandort treiben sie in jedem Frühjahr neu aus wie bei uns etwa Flieder oder Forsythien. Der gravierende Unterschied ist allerdings der, daß unsere mitteleuropäischen Wintertemperaturen für die meisten Fuchsien in der Regel viel zu niedrig liegen, sie also erfrieren würden. Sie müssen darum in geschützten, frostfreien Räumen über den Winter gebracht werden und eine Ruheperiode einlegen. Da sie in dieser Zeit nicht wachsen sollen, genügt den meisten Fuchsien eine Temperatur von 2–6 °C zur Überwinterung. Wärmer und so hell wie

Mit Fuchsien in Pflanztrögen lassen sich eintönige Plätze beleben. Hier die Sorte 'Beacon'

Bekämpfung von Krankheiten und Schädlingen Seite 36

möglich überwintert werden alle Jungpflanzen aus der Herbstvermehrung, alle Triphylla-Hybriden, manche Arten (Wildformen) und natürlich die winterblühenden Arten und Sorten. 10–12 °C reichen aber aus. Grundsätzlich gilt zu beachten: je dunkler der Standort, desto kühler sollte er sein. Blasse Geiltriebe, die bei wenig Licht und hoher Temperatur entstehen, schwächen die Pflanze und müssen entfernt werden. In der Ruhezeit sollten die Pflanzen schwach feucht, nicht naß gehalten und im Abstand von zwei bis drei Wochen kontrolliert werden.

Vorbereitung auf die Überwinterung

Um die Fuchsien langsam auf die Ruheperiode vorzubereiten, wird ab Anfang September die Düngung eingestellt und nur noch sparsam gegossen. Bewegliche Pflanzen in Töpfen und Kübeln, die bisher halbschattig aufgestellt waren, werden an einen sonnigen, hellen Platz gerückt. Wenn der Herbst besonders regenreich ist, sollten wir die Fuchsien in den Regenschatten an die Hauswand stellen oder, wenn das nicht möglich ist, die Töpfe zeitweilig auf die Seite legen. Der Sinn all dieser Maßnahmen ist es, die Pflanzen zu einem Triebabschluß mit gut ausgereiftem Holz zu bringen, damit sie die Winterruhe gut überstehen.

In das eigentliche Winterquartier werden die Fuchsien so spät wie irgend möglich gebracht, d.h. je nach Witterungsverlauf Ende Oktober bis Mitte November. Leichte Frühfröste von −2 bis −3 °C schaden nicht, sondern fördern den natürlichen Laubfall.

Ausnahmen sind auch hier wieder die Triphylla-Hybriden und -Arten. Sie sind ausgesprochen frostempfindlich und müssen deshalb sehr viel früher eingeräumt werden.

Vor dem endgültigen Einräumen wird ein leichter Rückschnitt vorgenommen. Alle weichen Triebteile mit Blütenknospen und Früchten werden entfernt,

Licht, Temperatur und Feuchtigkeit sind aufeinander abzustimmen

ebenso alle Triebe, die in das Innere der Pflanzen gewachsen sind und die Luftzirkulation behindern. Alle Schnittmaßnahmen zu diesem Zeitpunkt dienen der Verhütung von *Botrytis* (Grauschimmel). Wer Ärger mit Weißer Fliege oder gar Rost hatte, schneidet auch alle Blätter ab und vernichtet sie. Der eigentliche Formschnitt wird erst im Frühjahr durchgeführt. Wer aus Platzmangel die Pflanzen schon im Herbst weiter zurückschneiden muß, sollte dies mindestens 14 Tage vor dem Einräumen tun. An den Schnittstellen ausgetretener Pflanzensaft, ein guter Nährboden für *Botrytis*, sollte noch an der Luft trocknen können. Vorbeugendes Spritzen mit einem Antipilzmittel wie Ronilan, Euparen oder ähnlichen Fungiziden bewahrt unsere Pflanzen im Winterquartier vor Schäden.

Vier Hauptanforderungen für die Überwinterung

– frostfrei überwintern
– nicht austrocknen lassen
– sparsam gießen, je nach Standort
– vor *Botrytis* schützen.

Wo können Fuchsien überwintern?

Alle frostfreien Räume im Haus, Dachböden, Keller, Garagen, Abstellräume, Gästezimmer, Treppenaufgänge, Dielen können im Winter Fuchsien beherbergen. Bei einer Temperatur von 3–5 °C und wenn sparsam gegossen wird, können Fuchsien von November bis Februar in völlig dunklen Räumen überwintert werden. Die meisten Räume unserer Häuser sind allerdings zu warm. Völlig ungeeignet sind vollbeheizte Wohnräume wegen der mangelnden Luftfeuchtigkeit. Bestens geeignet sind auch Lichtschächte, die man gegen Frost mit einer zusätzlichen Scheibe oder Folie abdeckt. Alle Quartiere sollten bei frostfreiem Wetter möglichst oft gelüftet werden.

Gewächshaus, Wintergarten

Wer ein Gewächshaus, einen Wintergarten oder eine verglaste Veranda besitzt, kann seine Fuchsien darin hell, bei 4–6 °C überwintern. Er hat natürlich weniger Probleme, aber höhere Unkosten für Öl, Strom oder Gas. Wichtig ist, daß die Heizung auch für längere Frostperioden stark genug ausgelegt ist und nicht gerade dann versagt, wenn sie besonders dringend gebraucht wird. Doch bevor man so viel Geld in sein Hobby investiert, sollte man sich zuerst einen Überblick über das vielfältige Marktangebot verschaffen und von Fachleuten beraten lassen.

Auch in diesen »Glashäusern« ist häufiges Lüften bei frostfreiem Wetter unerläßlich. Ventilatoren können durch Luftumwälzung manchen Pilzbefall wirksam verhindern. Abgefallenes Laub ist eine ständige Infektionsquelle und muß abgesammelt werden.

Frühbeete

Bieten uns Haus und Wohnung keine Überwinterungsräume für Fuchsien, können wir ein Frühbeet im Garten umfunktionieren. Dazu heben wir die darin vorhandene Erde tief aus, bis alle Pflanzen Platz finden. Vor dem Einräumen müssen nicht verholzte Triebspitzen und alles Laub abgeschnitten werden. Dauerhaftes

Etikettieren ist besonders wichtig. Mitsamt den Töpfen werden dann die Fuchsien lagenweise hineingepackt. Große, schwere Töpfe kommen zuunterst. Mit den kleineren füllen wir die Zwischenräume aus. Zum Schluß wird die schwachfeuchte Frühbeeterde vorsichtig über die Pflanzen geschaufelt und der verbleibende Raum mit Torf oder trockenem Laub aufgefüllt. Die Kastenfenster sollten dicht schließen und Regen und Schnee abhalten. In langanhaltenden, strengen Frostperioden muß zusätzlich mit Styroporplatten, Brettern, Strohmatten usw. abgedeckt werden.

Erdgruben oder Mieten

Wenn kein Frühbeetkasten vorhanden ist, können wir eine Erdgrube im Garten anlegen. Die Maße werden von der Größe und Anzahl der vorhandenen Pflanzen bestimmt. Nur trockene Lagen mit niedrigem Grundwasserspiegel sind geeignet. Auf den Grund der Grube kommt zuerst eine dichte Torf- oder Laubschicht. Die gut vorbereiteten, sicher etikettierten und von Laub befreiten Pflanzen werden lagenweise eingeschichtet. Alle Zwischenräume werden mit trockenem Torf aufgefüllt und auch die Abschlußschicht aus Torf sollte reichlich bemessen werden. Dann wird die Grube mit stabilen Bret-

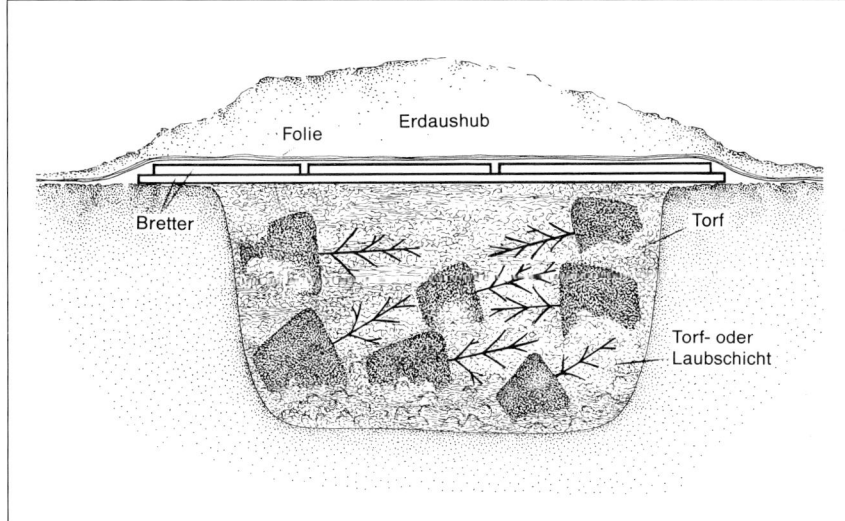

Überwinterung von
Fuchsien in einer
Erdgrube

29

**Buschform vor und
nach dem
Rückschnitt.
Nur kräftige
Aststummel mit 1–2
Augen bleiben
stehen**

Allgemeine Regeln zum Schnitt

1. Dünne, schwache Triebe und alle, die in eine falsche Richtung wachsen, werden zuerst, dicht am Ansatz, entfernt.

2. Ältere Pflanzen werden stärker zurückgeschnitten als jüngere; starkwüchsige Sorten stärker als schwachwüchsige.

3. Je stärker der Rückschnitt, um so länger warten wir auf den Austrieb.

4. Geschnitten wird mit scharfer Schere immer 5 mm über einem Auge. Das Holz darf dabei nicht gequetscht werden.

5. Bei Buschformen sollten höchstens zwei Augen des vorjährigen Holzes stehen bleiben.

6. Hochstämme mit im Innern kahler, stark vergreister Krone müssen von Zeit zu Zeit durch einen drastischen Schnitt bis ins alte Holz verjüngt werden.

7. Hängepflanzen werden bis auf das erste Auge unterhalb des Topfrandes zurückgeschnitten.

tern abgedeckt, eine große Folie hält Regen und Schnee ab, und die zuvor ausgehobene Erde, die wir über alles schaufeln, sorgt für absolut frostfreie Überwinterung.

Behandlung der Fuchsien im Frühjahr

Ab Ende Februar, Anfang März stellen wir unsere Fuchsien an einen helleren und wärmeren Platz bei etwa 15–16 °C. Die Ruhezeit ist beendet und neues Wachstum soll angeregt werden. Tägliches Besprühen mit lauwarmem Wasser unterstützt diesen Vorgang. Sobald sich die ersten neuen Blättchen zeigen, muß der Frühjahrsrückschnitt vorgenommen werden.

Der Frühjahrsrückschnitt

Dieser bewirkt, daß die Pflanzen zu neuem Austrieb auch aus den unteren schlafenden Augen angeregt werden. Wenn wir nicht schneiden, wachsen Fuchsien nur an den Triebspitzen weiter.

Da Fuchsien aber ausschließlich an den neuen, einjährigen Trieben blühen, müssen wir schneiden, um möglichst viele junge Austriebe zu bekommen. Gleichzeitig wird die Pflanze durch den Schnitt in eine harmonische Form gebracht. Anzustreben ist eine von oben bis unten gleichmäßig belaubte Pflanze.

Umtopfen

Durch ihren großen Nährstoffbedarf haben die Fuchsien die alte Erde vom Vorjahr völlig verbraucht, und in der Regel ist der Topf so dicht mit abgestorbenen Wurzeln ausgefüllt, daß kein Entwicklungsraum für die neuen vorhanden ist. Die Pflanzen brauchen jetzt frische Erde, doch nicht in jedem Fall größere Töpfe. Von dem vorjährigen Topfballen werden vorsichtig unter Schonung der vorhandenen neuen, weißen Wurzeln alle abgestorbenen, braunen Wurzeln entfernt. Meistens kann man dann die Pflanzen mit neuer Erde wieder in den alten Topf setzen. Erst wenn die neue Erde bis zum Topfrand wieder durchwurzelt ist, beginnt die Pflanze richtig mit der Bildung der neuen

Triebe. Also bedeutet ein zu großer Topf zu diesem Zeitpunkt eine unnötige Verzögerung des Austriebs. Topferde, die nicht zügig durchwurzelt wird, kann versauern. Es bilden sich Giftstoffe, die die Bildung neuer Wurzeln verhindern. Auch aus diesem Grunde sei vor zu großen Töpfen im Frühjahr gewarnt.

Es ist wichtig, in dieser kritischen Phase nach dem Umtopfen wenig zu gießen. Die Erde soll schwach feucht, niemals naß sein. Häufiges Sprühen der oberirdischen Pflanzenteile unterstützt die Wurzelbildung. Erst wenn der erste, kleine Topf völlig durchwurzelt ist und die Pflanzen in vollem Trieb sind, wird je nach Bedarf mit intaktem Wurzelballen in größere Töpfe verpflanzt. Ältere, große Pflanzen, Büsche, Hochstämme, Säulen usw., die in großen Kübeln stehen, müssen nicht in jedem Jahr umgetopft werden. Es genügt, wenn wir etwa ein Drittel der oberen alten Erdschicht vorsichtig entfernen und durch neue Erde ersetzen.

Wenn die Fuchsien wieder zügig wachsen, muß jeder neue Trieb nach dem zweiten voll ausgebildeten Blattpaar weich entspitzt werden. Wir nehmen mit Daumen und Zeigefinger oder mit einer

Pflanzerden siehe Seite 21

Ampelpflanze vor und nach dem Rückschnitt auf das erste Auge unterhalb des Topfrandes

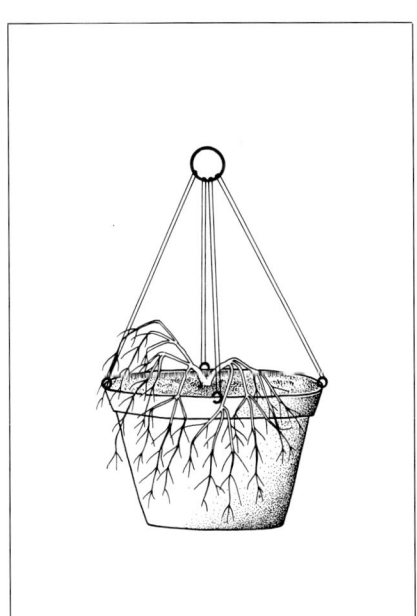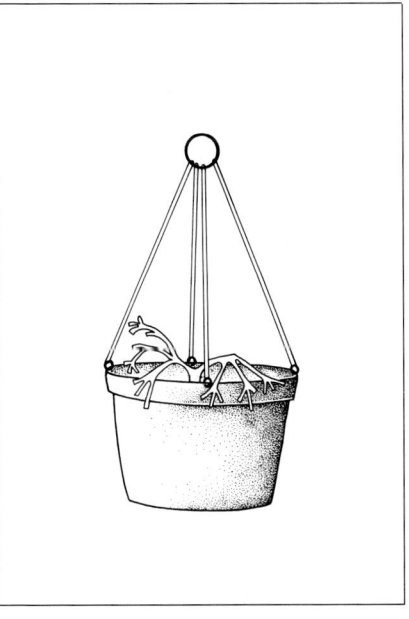

kleinen Schere die winzige Triebspitze dann heraus, wenn sie gut erkennbar ist. Die in den Blattachseln schlafenden Triebknospen dürfen dabei natürlich nicht beschädigt werden. Dadurch bekommen wir gut verzweigte, voll belaubte Pflanzen mit vielen Trieben und später entsprechend vielen Blüten. Zu bedenken ist, daß vom letzten Entspitzen bis zur Blütenbildung acht bis zehn Wochen (je nach Sorte) vergehen. Darum lassen wir ab Ende April die Pflanzen – ohne weiteren Eingriff – natürlich wachsen, um eine zeitige Blüte zu bekommen.

Die Vermehrung der Fuchsien aus Samen

Wer aus Freude am Experimentieren einmal eine Aussaat von Fuchsiensamen vornehmen möchte, die sich spontan, ohne gezielte Kreuzung, an einer Pflanze gebildet haben, darf keine sensationellen Ergebnisse erwarten. Nur einer von tausend aufgezogenen Sämlingen stellt in Wuchs und Blüte eine Verbesserung der inzwischen mehr als zehntausend registrierten Sorten dar. Die meisten Sämlinge sind minderwertig und nicht erhaltenswert. Sinnvoll ist eine Vermehrung aus Samen hingegen bei den botanischen Arten (Spezies), die echt aus Samen vermehrt werden können. Samenbeeren werden bei vielen Fuchsien in großer Zahl angesetzt. Nach Arten und Sorten verschieden, sind sie entweder grün, rötlich oder fast schwarz, klein und rund oder schmal, walzenförmig, sogar kleine pflaumenförmige Gebilde kann man finden.

Eine reife Frucht ist weich und saftig und gibt auf Fingerdruck leicht nach. Schneidet man sie vorsichtig mit einer Rasierklinge auf, ist deutlich zu sehen, wie in jeder der vier Kammern eine Anzahl Samenkörner eingebettet liegt. Die Anzahl der Samen variiert von einigen wenigen bis zu hundert und mehr. Aus den aufgeschnittenen Vierteln werden die Samen mit einem spitzen Gegenstand (Nadel, Zahnstocher) einzeln entnom-

men und auf saugfähiges Küchen- oder Löschpapier zum Trocknen gelegt. Keimfähige Samen sind rund und dick, flache Samen taub und unfruchtbar. Ein gutes Vergrößerungsglas ist hier hilfreich.

Da Fuchsiensamen ihre Keimkraft schnell verlieren, sollte man den Aussaattermin nicht länger als nötig hinauszögern. Erfahrungsgemäß keimt frisch geernteter Samen bei einer Bodentemperatur von 14–16 °C zu 100 %. Die Keimfähigkeit nimmt bei längerer Lagerung deutlich ab. Als Durchschnittswert kann man drei bis vier Wochen Keimdauer zugrunde legen. Es gibt aber oft Vorläufer oder Nachzügler.

Als Aussaatsubstrat hat sich gute, handelsübliche Einheitserde, vermischt mit einem Drittel scharfem Sand oder Perlite, bewährt. Aussaatgefäße sollten peinlich sauber sein. Nur steriles Arbeiten führt zum Erfolg. Bei besonders seltenen, kostbaren Samen ist es ratsam, das Gefäß und Substrat im Backofen oder per Mikrowelle keimfrei zu machen.

Wir füllen die Saatgefäße bis zu etwa zwei Drittel der Höhe mit Substrat und ebnen die Oberfläche. Damit sich die Erde nicht durch Gießen verfestigt, stellen wir sie zum Vollsaugen in einen Wasserbehälter. Nach dem Abtropfen werden die Samen einzeln im Abstand von 3 cm ausgelegt, mittels Sieb hauchdünn (Samenkornstärke) mit Erde überdeckt und in einen Plastikbeutel gesteckt.

Aufgestellt werden die Aussaaten bei 14–16 °C auf spezielle Wärmematten oder über einem Heizkörper. Die im Beutel vorhandene Feuchtigkeit reicht meistens bis zum Auflaufen der Samen aus, sollte aber manchmal kontrolliert werden. Wenn die Samen gekeimt sind, muß vorsichtig gelüftet werden, beginnend mit einer halben Stunde, dann von Tag zu Tag länger. Erst wenn die jungen Keimlinge sich an die Außenluft gewöhnt haben, kann die schützende Umhüllung ganz entfernt werden.

Hat ein Sämling zwei echte Blattpaare entwickelt, muß er schonend und vorsichtig in ein Einzeltöpfchen von 5 bis

7 cm Durchmesser pikiert werden. Um die jungen Pflänzchen vor Pilzbefall zu bewahren, wird mit einem Fungizid (Ronilan, Euparen, 2%ig) angegossen und übersprüht. Von nun an werden alle aus Samen vermehrten Pflanzen wie Stecklingspflanzen weiter kultiviert und entwickeln sich bei guter Pflege so schnell, daß sie im folgenden Sommer blühen werden.

Die Vermehrung der Fuchsien aus Stecklingen

Die vegetative Vermehrung der Fuchsien aus Teilen der Mutterpflanze ist relativ einfach und führt schnell zum Erfolg. Jede aus einem Steckling vermehrte Pflanze gleicht der Mutterpflanze in allen Eigenschaften. Sie ist identisch mit ihr.

Dekorative Fuchsiengruppen in einem Innenhof

Bei entsprechenden Voraussetzungen in einem Gewächshaus, Wintergarten oder auf einer hellen Fensterbank lassen sich Fuchsienstecklinge zu jeder Zeit bewurzeln, vielleicht mit Ausnahme der beiden dunkelsten Monate November und Dezember. Für den Anfänger ist das Frühjahr die beste Zeit, die den sichersten Erfolg verspricht. Wenn die Mutterpflanzen nach der Winterruhe neu ausgetrieben haben, stehen uns weiche, nicht verholzte Stecklinge, die besonders schnell bewurzeln, reichlich zur Verfügung.

Für die Stecklingsvermehrung bereitzulegen:

Alle benötigten Utensilien sollten vorher bereitgestellt werden. Wir benötigen:
- Töpfchen von 5 bis 6 cm Durchmesser
- Stecksubstrat aus Sand und Torf zu gleichen Teilen oder
- handelsübliche Blumenerde und Perlite zu gleichen Teilen oder TKS 1
- Namensschildchen mit Namen und Steckdatum
- passende Marmeladengläser oder Trinkgläser zum Abdecken
- eine scharfe Schere oder ein Messer.

Der Steckling soll kräftig entwickelt und frei von Schädlingen oder Pilzbefall sein.

Wir schneiden Triebspitzen, also Kopfstecklinge mit drei Blattpaaren. Die Schnittstelle darf beim Schneiden nicht gequetscht werden. Dann wird unter Schonung der in den Blattachseln sitzenden Augen das untere Blattpaar vorsichtig entfernt und der Trieb 2 mm unter diesen Augen nochmals nachgeschnitten. Die randvoll mit Substrat gefüllten Töpfchen werden vor dem Stecken durchdringend gegossen oder besser zum Vollsaugen in eine Schale mit Wasser gestellt. Mit einem spitzen Gegenstand, Hölzchen oder Bleistift, drücken wir eine Vertiefung von 1–2 cm in die Topfmitte, setzen den Steckling hinein und schieben die Erde seitwärts so an, daß keine Lufttaschen bleiben.

Sind alle Töpfchen gesteckt, werden sie mit einer Fungizid-Lösung (2 %ig) besprüht zum Schutz vor *Botrytis* oder anderen Vermehrungspilzen. Bewurzelungshormone sind eigentlich nicht erforderlich. In der Mehrzahl der Präparate sind jedoch pilztötende Substanzen enthalten, die kostbaren Stecklingen zusätzlichen Schutz geben. Zum Schluß wird über jeden Topf ein ausreichend großes Glas gestülpt, wobei wir darauf achten, daß die

34

Blätter nirgendwo anstoßen. Statt Gläsern kann man auch abgestützte Plastikbeutel verwenden.

Hell und warm, bei einer Bodentemperatur von 18–20 °C, werden die Stecklingstöpfchen dann aufgestellt. Der Standort sollte vor Zugluft und greller Sonne geschützt sein. Unter der Abdeckung entsteht eine gesättigte, sogenannte gespannte Luft, die den Steckling vor Verdunstung bewahrt und die Wurzelbildung beschleunigt.

Bei Sorten mit einfachen Blüten sollte die Bewurzelung in vierzehn Tagen bis drei Wochen erfolgt sein. Gefüllt blühende Sorten brauchen etwa vier Wochen. An den prall und saftig glänzenden Triebspitzen können wir erkennen, ob sich neue Wurzeln gebildet haben. Der Übergang von der feuchtigkeitsgesättigten Luft unter der Abdeckung zur trockeneren in der neuen Umgebung stellt für diese soeben bewurzelten Stecklinge eine große Belastung dar. Darum müssen wir sie langsam und schonend abhärten. Am ersten Tag dürfen wir die Gläser höchstens für eine halbe Stunde entfernen und dann wieder überstülpen. Dieser Vorgang wird von Tag zu Tag verlängert, bis nach einigen Tagen die Pflänzchen der Umgebung angepaßt sind. Zügiges Wachstum ohne Stockungen unterstützen wir durch Blattdüngung einmal wöchentlich, wie im Abschnitt »Düngung« beschrieben. Erst wenn das kleine Töpfchen völlig durchwurzelt ist, und der Ballen beim Umtopfen nicht auseinanderfallen kann, pflanzen wir in den nächstgrößeren Topf.

Herbststecklinge

Bei langsam wachsenden Sorten oder zur Anzucht großer dekorativer Pflanzen müssen wir mit der Vermehrung bereits im Herbst beginnen. Zu dieser Zeit sind aber die Mutterpflanzen oft schon stark verholzt. Um dennoch Steckmaterial zu bekommen, werden an den zur Vermehrung ausgesuchten Pflanzen einige Seitenzweige im Juli zurückgeschnitten. Die bald durchtreibenden weichen Triebe können wir dann im August stecken. Zu dieser Zeit reicht die natürliche Sonnenwärme zu einer sicheren Bewurzelung aus. Eine zweite Möglichkeit, die von Gärtnern zur Massenvermehrung ausgeübt wird, ist das zeitweilige Verdunkeln der Mutterpflanzen. Viele Fuchsien sind Langtagspflanzen, die erst bei Tageslängen von 12 bis 14 Stunden Blüten ansetzen. In der Zeit mit kürzeren Tagen wachsen sie vegetativ und bilden Triebe und Blätter. Gaukelt man ihnen mit stundenweiser Verdunkelung mit schwarzer Folie einen Kurztag vor, hat man bald ausreichend Stecklinge zur Verfügung. Den gleichen Vorgang können wir bei unseren Fuchsien in Kästen und Kübeln beobachten. Sobald die Tage nach Herbstanfang kürzer werden, treiben die Pflanzen noch einmal voll durch und blühen oft bis zum ersten Frost.

Wenn uns nur etwas verhärtete, halbreife Stecklinge zur Verfügung stehen, reißen wir kurze Seitentriebe mit einem Stückchen Rindenansatz vorsichtig von der Mutterpflanze ab. Die Bildung von Kallus (Wundgewebe) erfolgt an der Rindenzunge besonders schnell. Vorteilhaft ist es, diese Stecklinge mit einem Bewurzelungshormon zu behandeln.

Steckling aus halbreifem Holz mit einer kleinen Rindenzunge

Krankheiten, Schädlinge und ihre Bekämpfung

Tierische Schädlinge

Blattläuse

Blattläuse der verschiedenen Arten sind in der Natur allgegenwärtig. Die krautigen, saftigen Triebspitzen der Fuchsien werden vorwiegend von der grünen Pfirsichlaus befallen. Es kommen aber auch schwarze und gelbweiße Arten vor. Einen Befall erkennt man an den eingerollten und verkrüppelten Triebspitzen. Bei ihrer Saugtätigkeit scheiden Blattläuse eine glänzende, zuckerhaltige Flüssigkeit, den Honigtau aus. Auf diesem Nährboden siedeln sich schon bald schwarze Rußtaupilze an; das Laub wird unansehnlich, die Poren verkleben, die Blätter können nicht mehr assimilieren. Die Bekämpfung ist mit handelsüblichen Insektiziden wie Rotenol, Spruzit oder Parexan einfach. Auch Brennesselbrühe, kalt angesetzt und nach 24 Stunden abgeseiht, ist bei wiederholter Anwendung wirksam.

Weiße Fliege

Die Weiße Fliege, eine Mottenschildlaus, ist ein 2 mm großes Insekt, das an der Blattunterseite lebt und nur bei Berührung der Pflanze auffliegt. Sie vermehrt sich schnell, besonders unter Glas und an windgeschützten Plätzen. Wenn wir nicht unverzüglich Gegenmaßnahmen ergreifen, kann sie zu einer großen Plage werden. Die an der Blattunterseite abgelegten Eier und Larven sind nur schwer zu bekämpfen. Unsere Maßnahmen gelten darum den geschlüpften und erwachsenen Tieren. Mit fünf Spritzungen im Abstand von jeweils vier Tagen ist das Problem aber sicher in den Griff zu bekommen. Wichtig ist es, die Blattunterseiten sorgfältig tropfnaß zu behandeln.

Wirksame Mittel sind Decis, Ekamet, Compo Insektenmittel und ähnliche Präparate.

Biologische Mittel wie Rainfarnbrühe oder Brennesselbrühe in Teestärke sind nur bei wiederholten Anwendungen im Abstand von zwei Tagen wirksam. Unter Glas kann die Weiße Fliege erfolgreich und umweltfreundlich mit Schlupfwespenarten unter Kontrolle gehalten werden. Bezugsquellen sind bei den Pflanzenschutzämtern zu erfragen. Die Firma Neudorf, 3254 Emmertal, verschickt Nützlinge auf Bestellung. Eine Anleitung ist der Lieferung beigefügt. Die Schlupfwespe *Encarsia formosa* legt ihre Eier in die Larven der Weißen Fliege ab und saugt diese aus. Der Einsatz ist allerdings nur bei Temperaturen über 20 °C und langen Tagen mit 16 Stunden Licht erfolgversprechend. Auch sogenannte Klebefallen, die mit Signalfarben (gelb) Fluginsekten anlocken, helfen, den Befall in Grenzen zu halten.

Vogelmiere, Franzosenkraut, Tomaten und Paprika sind bevorzugte Wirtspflanzen der Weißen Fliege. Wer diese Pflanzen zusammen mit Fuchsien im Garten hat, muß laufend mit neuem Zuflug rechnen und darf in der Wachsamkeit nicht nachlassen.

Im Winter, wenn wegen der niedrigen Temperaturen die üblichen Spritzmittel nicht wirksam sind, hat man bei Pflanzen in Gewächshäusern und Wintergärten mit mineralölhaltigen Präparaten wie Elefant-Sommeröl, oder Para-Sommer gute Erfolge erzielt. Diese Mittel sind auch gegen Eier und Puparien wirksam, und vor

'Dollarprinzessin'
Beschreibung
Seite 66

'Loeky'
Beschreibung
Seite 75

'Postiljon'
Beschreibung
Seite 86

allem nicht giftig. Sprühdosen mit Mineralölzusatz wie Egesa-Pflanzenspray Extra oder Hortex Pflanzenspray sind einfach zu handhaben. Auch die gute Wirkung von Blattglanzspray im Einsatz gegen Weiße Fliege scheint auf Zusätzen von Mineralöl zu beruhen.

Befall größer, können wir mit kaum giftigen Mitteln wie Tameron oder Pentac spritzen. Die Wirkung tritt erst nach drei bis vier Tagen ein. Unter Glas kann dieser Schädling wirksam mit nützlichen Raubmilben bekämpft werden, diese saugen Eier und ausgewachsene Tiere aus.

Rote Spinne

Die mit dem bloßen Auge kaum sichtbaren Spinnmilben leben an der Blattunterseite. Eier und Larven werden unter feinen Gespinsten verborgen. Heiße, trockene Standorte begünstigen einen Befall. Von den Milben angesaugte Blätter werden braunfleckig und spröde, schließlich gelb und fallen ab. Bei den ersten Anzeichen eines Befalls sorgen wir für mehr Luftfeuchtigkeit oder ändern den Standort. Klares Wasser, das mit großem Druck unter die Blätter gesprüht wird, kann eine rasche Ausbreitung verhindern. Ist der

Dickmaulrüßler

Der grauschwarze, etwa 1 cm große Rüsselkäfer ist nachtaktiv. Er frißt die Blätter halbkreisförmig vom Rand aus an. Im Laufe einer Vegetationsperiode kann er etwa 1500 Eier legen, aus denen weiße Larven mit braunem Kopf schlüpfen. Diese sind typisch C-förmig eingerollt. Der Käfer ist mit Hilfe einer Taschenlampe am Abend leicht zu fangen. Den eigentlichen, oft verheerenden Schaden richten aber die Larven durch ihre unersättliche Gefräßigkeit an den Wurzeln an.

'Mephisto'
Beschreibung
Seite 79

Erste Vorsichtsmaßnahme: Niemals alte, eventuell verseuchte Erde verwenden. Beim Umtopfen jeden Wurzelballen auf Larven kontrollieren.

Gegenmittel: systemisch wirkende Gießmittel. Für Gärtner wird Curaterr Granulat angeboten. (Nur in Großpackungen.)

Blattwanzen

In der Natur treten Blattwanzen in einigen hundert Arten auf, zwei davon können den Fuchsien schaden. Sie stechen mit ihrem Saugrüssel feine Löcher in die Triebspitzen und saugen dabei den Zellsaft aus. Es entsteht ein typisches Schadbild von verkrüppelten, perforierten Triebspitzen. Gleichzeitig werden leider auch die bereits angesetzten Blütenknospen zerstört, so daß es sechs bis acht Wochen dauert, bis sich neue Blütenknospen gebildet haben. Wenn man den Schaden bemerkt, ist es meistens schon zu spät, etwas zu tun. Wir müssen vor dem Auspflanzen im Mai vorbeugend tätig werden.

Gegenmittel: Systemische Sprüh- und Gießmittel.

Vereinzelt werden die Fuchsien auch von Schaumzikaden oder Raupen heimgesucht. Man kann die Tiere mit der Hand absuchen, dann hält der Schaden sich in Grenzen.

Pilzkrankheiten

Grauschimmel

Dieser Pilz *(Botrytis)* befällt Fuchsien vorwiegend im Winterquartier, wenn die Luftfeuchtigkeit bei niedrigen Temperaturen hoch ist. Aber in nassen, kühlen Sommern sind manche weiße oder pastellfarbene Sorten auch gefährdet. Das Schad-

39

Rechte Seite:
'Glendale'
Beschreibung
Seite 70

bild ist nicht zu übersehen. Grauer, stäubender Schimmel befällt vorwiegend die unteren Pflanzenteile und führt zu Fäulnis. Ursache für einen Befall sind mangelnde Hygiene und zu dicht stehende Pflanzen in schlecht belüfteten Räumen.

Die wichtigste Vorbeugemaßnahme ist deshalb, alle abgefallenen Pflanzenteile sofort abzusammeln und bei frostfreiem Wetter häufig zu lüften oder die Luft durch einen Ventilator in Bewegung zu halten. Gegossen werden sollte immer in den Morgenstunden, damit die Pflanzen bis zum Abend wieder abtrocknen können.

Behandlung: Spritzen mit Ronilan oder Euparen in der vom Hersteller angegebenen Dosierung.

Rost

Der Rostpilz *(Pucciniastrum epilobii* ssp. *palustris)* kann in Fuchsienkulturen großen Schaden anrichten. Wir sollten ihn sehr ernst nehmen und unverzüglich bekämpfen. Das Schadbild ist unverwechselbar. Zuerst bilden sich an der Blattunterseite Gruppen von gelbbraunen bis rostroten Sporen. Später sind auch auf der Blattoberseite braungraue Flecken zu erkennen.

Vorbeugende Maßnahmen:
- zu dichten Stand vermeiden;
- zu hohe Luftfeuchtigkeit durch sparsames Gießen und häufiges Lüften verringern;
- absolute Sauberkeit in den Kulturen, pilzbefallene Blätter vorsichtig abpflücken und sofort verbrennen;
- zugekaufte oder geschenkte Pflanzen einige Zeit getrennt vom Bestand auf Rostbefall kontrollieren;

Pflanzenschutzmittel: Saprol, Fungizid mit Tiefenwirkung, 0,15 %; Dithane Ultra 0,2 %.

Es muß zweimal im Abstand von acht Tagen und anschließend zweimal im Abstand von vierzehn Tagen behandelt wer-

Rechte Seite:
'Golden Glow'
Beschreibung
Seite 70

den. Weidenröschen, als Wirtspflanzen der Rostpilze, sollten in der näheren Umgebung von Fuchsien nicht geduldet werden.

Wurzelfäule

Wurzelfäule wird durch verschiedene bodenbürtige Pilze in Verbindung mit nachlässiger Pflege verursacht. Die Wurzeln der Pflanzen sterben ab.

Vorbeugende Maßnahmen:
- durch richtige Pflege die Bildung eines kräftigen Wurzelsystems fördern;
- stets für guten Wasserabzug sorgen, keine Übertöpfe ohne Abzugsloch benutzen;
- nicht routinemäßig gießen, sondern den Wasserbedarf jeder einzelnen Pflanze prüfen.

Befallene Pflanzen müssen – wenn wir sie retten wollen – völlig neu bewurzelt werden. Dazu werden sie zurückgeschnitten und nach dem Entfernen aller kranken Wurzelteile in den kleinstmöglichen Topf mit frischer Erde gepflanzt. Wir gießen einmal mit einem Antipilzmittel an und halten die Pflanzen weiterhin ziemlich trocken, bis sich neue Wurzeln gebildet haben. Gespannte Luft in einem Plastikbeutel unterstützt diesen Vorgang.

Blattflecken

Blattflecken verschiedener Art haben meistens Pflege- oder Düngefehler zur Ursache.

Pflegefehler und ihre Auswirkungen:
- Ballentrockenheit: gelbe Blätter, die abfallen;
- zu nasse Erde: stumpfgrüne Blätter, die abfallen;
- zu hoch konzentrierte Spritzbrühen: Verätzungen;
- Spritzen bei heißer Sonne: Nekrosen an Blattspitzen und -rändern;

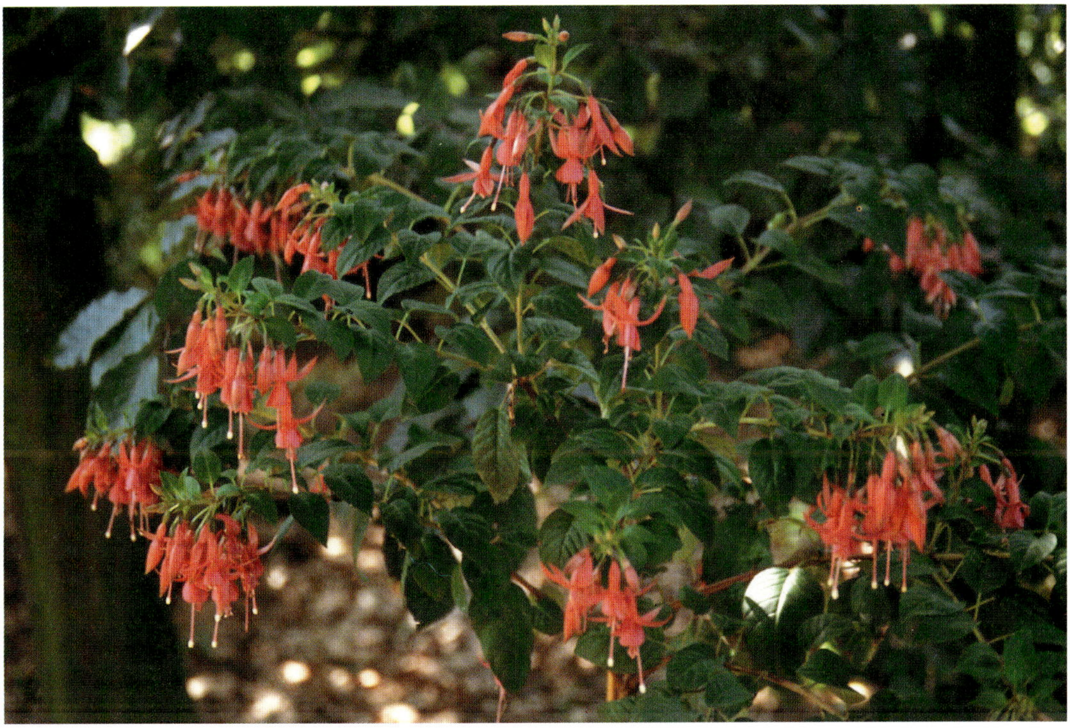

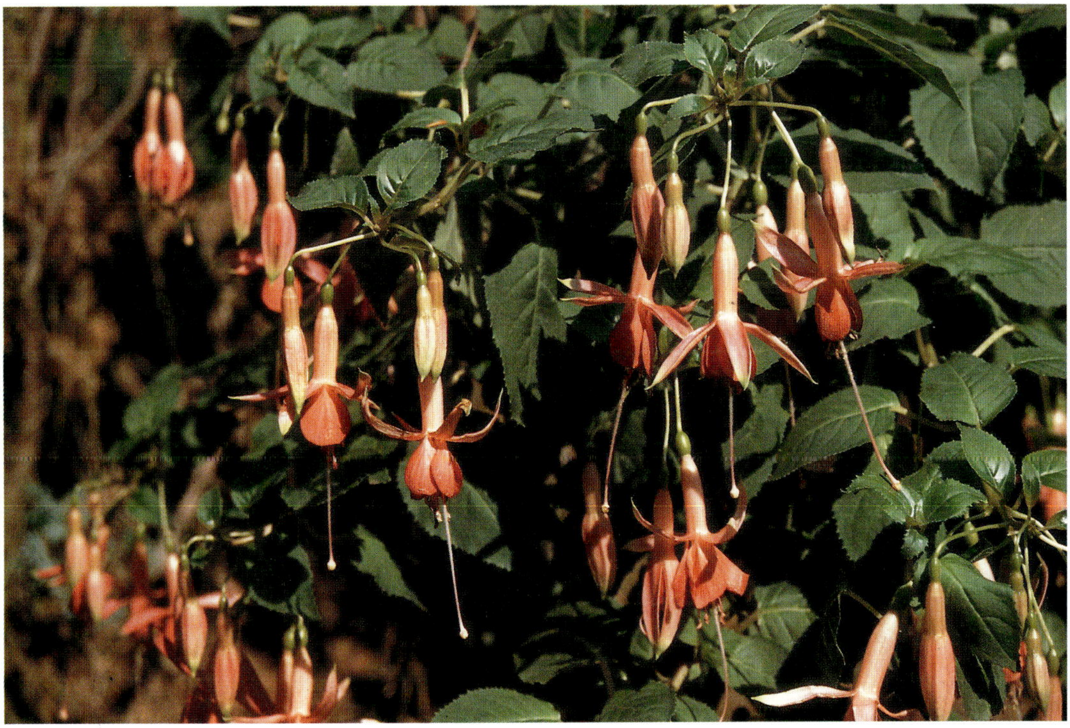

– Nährstoffmangel: helle, chlorotische Blätter, gelbe Blattnerven, trockene Blattspitzen oder Randnekrosen;
– Blattflecken nach kalten Nächten im Frühjahr oder Herbst sind sortenbedingt und verschwinden bei zunehmenden Temperaturen.

Allgemeine Regeln für den Pflanzenschutz

Die besten Pflanzenschutzmittel verlieren einen großen Teil ihrer Wirksamkeit, wenn sie nicht sachgemäß verwendet werden.

Zu beachten:

1. Temperatur: bei Anwendung unter 15 °C wirkt kein Mittel; Pflanzen müssen vor der Behandlung gegossen werden. Systemische Mittel können bei trockenem Ballen nicht aufgenommen werden;
2. Spritzbrühen genau nach Vorschrift der Hersteller anwenden und nur frisch verbrauchen;
3. Kontaktmittel müssen gezielt auf die Blattunterseiten gesprüht werden;
4. verschiedene Präparate im Wechsel verwenden. Bei längerer Anwendung nur eines Mittels bauen die Schädlinge eine Resistenz auf, sie werden unempfindlich dagegen;
5. Packungshinweise auf Bienengefährlichkeit beachten und die Mittel abends nach dem Bienenflug ausbringen;
6. den Schutz der eigenen Person ernst nehmen. Gesicht, Arme und Hände bedecken und nicht gegen den Wind spritzen.

Die Verwendung der Fuchsien

Fuchsien bevorzugen zum guten Gedeihen Ost- oder Westseiten mit Morgen- bzw. Nachmittagssonne. Selbst an Nordseiten können robuste Fuchsien mit weniger hohen Lichtansprüchen noch befriedigen. Südseiten mit entsprechend großer Sonneneinstrahlung, die von den Hausmauern noch verstärkt wird, machen die Fuchsienpflege zu aufwendig, denn an solchen Stellen ist die Fuchsienkultur nur mit Schattiereinrichtungen möglich.

Fuchsien für Balkon und Fensterkästen

Einen Garten kann nicht jeder besitzen. Oft sind aber Balkone oder Fenstersimse in geeigneter Lage vorhanden. Mit Fuchsien geschmückt, werden sie zu Oasen sommerlanger Freude und Erholung.

Pflanzkästen, schöne Töpfe und Kübel werden heute in großer Vielfalt angeboten. Sie sollten farblich zum Haus passen und gut und sicher angebracht werden. Für berufstätige Menschen sind Balkonkästen, die mit Langzeitbewässerung ausgestattet sind, besonders praktisch. Abzugslöcher sollten in allen Gefäßen ausreichend vorhanden sein. Wir können alle guten handelsüblichen Blumenerden als Pflanzensubstrat verwenden.

Ein dauerhafter Erfolg, vor allem eine befriedigende Fernwirkung, hängt weitgehend von der Auswahl der Fuchsiensorten und -farben ab. Wir wählen kompaktwachsende, dichtbelaubte, reichblühende Sorten aus. Sie sollten nicht zu hoch werden und dem Wind wenig Angriffsfläche bieten. Die beste Wirkung erzielen wir mit einheitlich in einer Farbzusammenstellung bepflanzten Kästen, bei-

spielsweise alle Sorten in Rot und Weiß. Eine Bepflanzung mit abwechselnd aufrechten und hängenden Sorten wirkt besonders gefällig.

Zusätzlich zu den Kästen an der Balkonbrüstung und auf den Fensterbänken schmücken wir die Hauswände mit Ampeln und Halbampeln und stellen größere Gefäße mit Hochstämmchen und Büsche auf. An Teleskopstangen, von Wand zu Wand angebracht, lassen sich Hängefuchsien aufhängen. Der Kreativität des Balkongärtners bleibt ein weiter Spielraum und das Ergebnis ist oft zauberhaft.

Außer den üblichen Pflege- und Düngemaßnahmen ist es wichtig, den besonders großen Wasserbedarf der Fuchsien an so exponierten Stellen zu beachten.

Hohe Fuchsienstämme lassen sich schön mit Fuchsien gleicher oder anderer Sorten unterpflanzen

Fuchsien zum Schmuck der Terrasse

Eine Terrasse bietet viele Möglichkeiten, diese mit Fuchsien dekorativ und wohnlich zu gestalten, vorausgesetzt, sie hat die geeignete Lage. Die eigentliche Gestaltung ist natürlich von den baulichen Voraussetzungen abhängig. Oft ist eine Pergola vorhanden, die wir mit Ampeln und schnellwachsenden Kletterern schmücken können. Auf Stützmauern und Treppen aufgestellte, farblich passend bepflanzte Kübel wachsen sich im Laufe des Sommers zu wirklichen Paradestücken aus. Unsere jahrelang liebevoll gepflegten Hochstämme finden im Hintergrund im Windschatten des Hauses einen sicheren Platz und sorgen für eine schöne Kulisse. Die regenempfindlichen großblütigen amerikanischen Züchtungen oder weiße Sorten können auf Blumentreppen und Etageren geschützt untergebracht werden und honorieren einen solchen Standort mit makellosen Blüten.

Eine relativ große Fuchsiensammlung ist bei geschickter Ausnutzung aller Möglichkeiten auf einer Terrasse wirkungsvoll unterzubringen. Da alles mobil ist, sind die Pflanzen ohne großen Aufwand austauschbar. Das Bild läßt sich so oft verändern, bis wir eine uns voll zufriedenstellende ästhetische Lösung gefunden haben.

Neben der bereits beschriebenen Pflege erhalten die Fuchsien, die in den allermeisten Fällen ja auf Stein oder Beton stehen, eine wohltuende wachstumsfördernde Unterstützung, indem wir an heißen Tagen mittels Schlauch oder Gießkanne den Boden feucht halten.

Hängefuchsien in Körben und Ampeln

Fuchsien in Körben und Ampeln sind sehr beliebt und vielseitig verwendbar. Im Sommer schmücken sie Dachvorsprünge, Pergolen, Hauswände und Mauern und präsentieren die zauberhaf-ten Fuchsienblüten besonders wirkungsvoll in Augenhöhe. Das vielfältige Angebot an formschönen Gefäßen im Fachhandel läßt kaum noch Wünsche offen. Je nach Größe der Ampel und der Wuchsform und Vitalität der vorgesehenen Fuchsien müssen wir drei, fünf oder gar sieben Jungpflanzen pro Gefäß heranziehen. Eine gute Sortenkenntnis ist hier besonders hilfreich.

Mit der Vermehrung der vorgesehenen Pflanzen sollten wir im August/September beginnen. Sie müssen bei 12–16 °C den Winter durchkultiviert werden. In dieser Zeit unterstützen wir das zügige Wachstum wieder durch wöchentliche Blattdüngung. Je nach Wurzelwachstum muß ein- bis zweimal in größere Töpfe mit nahrhafter Erde umgepflanzt werden. Nachdem sich zwei vollständige Blattpaare gebildet haben, wird jeder Trieb weich entspitzt. Wenn im Februar die Tage länger werden und die Pflanzen mehr Licht bekommen, wachsen sie sehr schnell. Bei wiederholtem Auskneifen aller neuen Triebspitzen bekommen wir gut bestockte, buschige Pflanzen, die uns später mit vielen Blüten erfreuen.

Nichts sieht trostloser aus als eine Fuchsienampel, die nur an den Spitzen einiger lang herabhängender Triebe blüht.

Ab Anfang April werden die Pflanzen in die vorgesehenen Ampeln gepflanzt. Zu diesem Zeitpunkt sieht man deutlich, wie viele Pflanzen endgültig pro Gefäß benötigt werden.

Grundsätzlich pflanzen wir die erste Pflanze in die Mitte und alle weiteren darum herum. Nach einer kurzen Einwurzelungsphase stellen wir die Ampeln tagsüber zum Abhärten und Umgewöhnen schon an schattige, geschützte Plätze im Freien. Erst wenn jede Nachtfrostgefahr vorüber ist, sollten sie an den vorgesehenen Stellen aufgehängt werden. Alle Haken oder sonstigen Aufhängevorrichtungen müssen besonders fest und sicher angebracht werden. Das Gewicht einer voll eingewachsenen Ampel kann beträchtlich sein.

Die weiß-grüne
Unterpflanzung
verstärkt die
Wirkung der
Fuchsienblüten
von 'Beacon Rosa'

Ein großer Fuchsienbusch, im Container zur Hälfte in den Rasen gesenkt

Neben der üblichen Pflege erfordern frei aufgehängte Ampeln ganz besondere Sorgfalt beim Gießen. Sonnenschein und Wind wirken von allen Seiten auf die Pflanzen ein, darum trocknen sie schneller aus. Im Handel angebotene Verlängerungsrohre zu vielleicht schon vorhandenen Gieß- oder Brauseköpfen erleichtern das Bewässern von Ampeln an schwer zugänglichen Stellen. Wenn wir uns die Mühe machen, die Ampeln von Zeit zu Zeit – zusätzlich zum laufenden Gießen – in ein passendes Gefäß mit Wasser, das mit einer schwachen Nährlösung angereichert wurde, zu setzen, können sich die Pflanzen gründlich vollsaugen und leben sichtbar auf nach dieser Prozedur.

Fuchsien als Beetpflanzen

Die Hausgärten gut motivierter Pflanzenfreunde spiegeln oft deutlich die Vorlieben ihrer Besitzer für bestimmte Pflanzenarten wider. Wir finden Gärten, in de-

nen Rosen vorherrschen oder Staudengärten mit Rittersporn, Iris und Pfingstrosen. Wer wenig Zeit hat, pflanzt Gehölzrabatten vor grünem Rasen. Gemeinsam ist allen diesen Gärten, daß sie ihren Blütenhöhepunkt im Frühling und Frühsommer haben. In den verbleibenden Monaten sehen manche uninteressant, oft sogar trostlos aus.

Dabei könnten alle Gärten durch die Bepflanzung mit einigen Fuchsiengruppen wesentlich bereichert werden, die das Blühen vom Juli bis zum ersten Frost übernehmen. Durch ihre subtilen, niemals aufdringlichen Farben lassen sich Fuchsien überall einordnen. Für die Beetbepflanzung wählen wir Sorten mit einfachen kleinen bis mittelgroßen Blüten aus. Sie sollten regenverträglich und wetterfest sein und ihre Blüten gut sichtbar an den Triebenden tragen. Man ist immer wieder überrascht, mit welcher Vitalität und Wuchskraft frei ausgepflanzte Fuchsien sich entwickeln. Selbst Sorten, die aus irgendeinem Grund im Topf küm-

mern, entwickeln sich im Garten zu stattlichen Exemplaren. Aufgrund des unbeschränkten Wurzelwachstums, der gleichmäßigen Temperatur, der intensiveren Licht- und Sonneneinwirkung wachsen die Pflanzen gedrungen und die Blütenfarben werden kräftiger. Die Annahme, Fuchsien seien Schattenpflanzen, ist durch die Praxis längst widerlegt. Wir können also jeden freien Platz im Garten mit Fuchsien bepflanzen. Bei ausreichender Bodenfeuchtigkeit – das gibt allerdings den Ausschlag – werden sie überall gedeihen. Die Pflanzplätze müssen tief gelockert und mit humusbildenden Stoffen und organischen Vorratsdüngern versehen werden. Die selbst gezogenen oder gekauften Pflanzen werden nach den Eisheiligen, etwa Anfang Juni, aus den Töpfen genommen und in die Erde gesetzt. Die Ballenoberfläche sollte bündig mit der Beetoberfläche abschließen. Nachdem wir einmal durchdringend gegossen haben, bringen wir eine 5 cm dicke Mulchschicht aus Torf, Rasenschnitt, Rindenmulch oder dergleichen auf, um die Wurzeln feucht und kühl zu halten. Die weitere Pflege hängt vom herrschenden Wetter ab. In ausgesprochen trockenheißen Perioden profitieren Fuchsien vom großzügigen Überbrausen der gesamten Fläche am Abend. Gedüngt mit Flüssigdüngern wird erst dann, wenn die Pflanzen vollständig eingewachsen sind. Weil Fuchsien als Einzelpflanzen sich im Garten verlieren, sollten immer mehrere Pflanzen einer Farbschattierung als Gruppe gepflanzt werden. Dabei können die Sorten verschieden und auch unterschiedlich in der Wuchshöhe sein. Es sollten aber nur Pflanzen mit aufrechtem Wuchs verwendet werden. Der Abstand von Pflanze zu Pflanze ist so zu wählen, daß diese genügend Entwicklungsraum haben und sich nicht gegenseitig bedrängen.

Fuchsiengruppen kommen vor dunklem Hintergrund von Gehölzen besonders gut zur Geltung. Wer einmal eine vollblühende Gruppe Triphylla-Hybriden

Ein Fuchsienbeet zur schönsten Blütezeit. Randbepflanzung aus *Tagetes*

47

wie 'Thalia', 'Koralle' oder 'Gartenmeister Bonstedt' auf diese Weise gepflanzt gesehen hat, wird den prachtvollen Eindruck nicht so bald vergessen.

Fuchsien-Hochstämme, wegbegleitend gepflanzt, mit niedrigen Sorten gleicher oder kontrastierender Fuchsien unterpflanzt, geben jedem Garten ein fast nostalgisches Flair. In größeren Gärten sind Rundbeete, in den Rasen eingelassen und mit Fuchsien bepflanzt, sehr beliebt. Alle zur Beetbepflanzung verwendeten Fuchsien können im Spätherbst für weitere Gartenjahre ausgegraben und überwintert werden. Rechtzeitig vor Frostbeginn werden die Pflanzen vorsichtig mit dem Ballen ausgestochen und in passende Töpfe oder Kisten gesetzt. Dabei schadet es nicht, wenn tiefer gelegene Wurzeln abgestochen werden. Vorschriftsmäßig herangezogene Fuchsien, die mit festem Wurzelballen ausgepflanzt wurden, halten diesen auch im Gartenbeet. Hochstämme oder größere Büsche, die wir Jahr für Jahr wieder im Garten verwenden möchten, können arbeitssparend in Draht- oder Plastikkörben kultiviert und mit diesen eingegraben werden. Die Wur-

Beschreibung der aufgeführten Sorten ab Seite 57

'Miniroos' Beschreibung Seite 79

zeln wachsen durch die Öffnungen frei nach allen Seiten. Im Herbst graben wir Pflanze und Korb problemlos aus, stecken alles in einen Plastiksack und überwintern in frostfreien Räumen.

Gute Beetpflanzen sind:

'Beacon Rosa'	'Leverkusen'
'Billy Green'	'Miniroos'
'Bon Accord'	'Ortenburger
'Caspar Hauser'	Festival'
'Chang'	'Rose of Castille'
'Checkerboard'	'Tangerine'
'Deutsche Perle'	'Tom Thumb'
'Kwintet'	'Trumpeter'

Winterharte Fuchsien als Dauerbepflanzung im Garten

Seit einigen Jahren hat es sich unter Gartenfreunden herumgesprochen, daß es Fuchsien gibt, die auch in unserem Klima völlig winterhart sind. Einmal angewachsen, halten sie viele Jahre am gleichen Gartenplatz aus, wachsen zu stattlichen Pflanzen mit von Jahr zu Jahr zunehmendem Durchmesser heran. Winterharte Fuchsien verhalten sich in unserem Klima wie Stauden, das heißt der oberirdische Teil stirbt nach den ersten Frösten ab. Im Frühling kommen die neuen Triebe aus dem Wurzelstock und bilden dann im Laufe eines Sommers lockere, grazile Sträucher von ein bis eineinhalb Metern Höhe. Mit ihrem schönen Laub und den zahllosen zierlichen Blüten erfreuen sie uns zu einer Zeit, wenn die meisten heimischen Blütensträucher längst verblüht sind. Fuchsien, die wir bei uns als winterhart einstufen, gehören vorwiegend zur Art *Fuchsia magellanica* oder sind Varietäten und Hybriden davon.

Alles bisher über die Kultur der Fuchsien im allgemeinen Geschriebene muß natürlich auch bei dieser Gruppe beachtet werden. Die Pflanzplätze dürfen niemals

an Stellen liegen, wo Staunässe auftreten kann. Der Standort kann sonnig oder halbschattig sein, darf aber nicht im Wurzelbereich von Bäumen oder Sträuchern liegen. Die Pflanzgrube wird mindestens 30 cm tief ausgehoben, und die anstehende Gartenerde mit Torf, reifem Kompost, Lauberde oder sonstigen humusbildenden Stoffen angereichert. Bei schweren Böden wird viel Sand eingearbeitet. Weil die Pflanzen ja viele Jahre ungestört am gleichen Platz stehen bleiben, sparen wir nicht an Vorratsdüngern wie Horn- und Knochenmehl, getrocknetem Rinderdung, Guano, Oscorna oder Animalin. Alle diese Vorbereitungen dienen nur dem Zweck, den Boden so durchlässig wie möglich und so nährstoffreich wie nötig zu machen. Beides ist für die Ausbildung eines kräftigen Wurzelsystems unerläßlich.

Gepflanzt wird ab Ende Mai, Anfang Juni, wenn die Gefahr von Spätfrösten vorüber ist. Die jungen Pflanzen sollten dann einen Topf von 10 bis 12 cm völlig durchwurzelt haben und schon mehrere Triebe besitzen. Dann setzen wir die Pflanze in die Mitte einer 8 bis 10 cm tiefen, flachen Mulde. Diese Mulde wird nicht gleich zugeschüttet, sondern erst im Laufe des Sommers nach und nach mit Erde gefüllt. Auf diese Weise gepflanzt, bilden alle unter Niveau stehenden Teile der Pflanze Reserveaugen für kommende Jahre. Die Mulde dient gleichzeitig als Gießrand, denn im ersten Sommer darf die neugepflanzte Fuchsie niemals austrocknen. Nach einigen Wochen, wenn die Pflanze vollständig eingewachsen ist, können wir auch flüssig düngen. Die Düngung wird aber spätestens Ende August eingestellt, damit das Holz rechtzeitig gut ausreifen kann. Im späten Herbst, wenn nach den ersten Nachtfrösten das Laub abgefallen ist, bringen wir eine etwa 20 cm hohe Schicht trockenen Torf als Winterschutz für den Wurzelstock auf. Auch bestimmte Laubarten sind als Abdeckung geeignet. Ideal ist Farnkraut mit seinem hohen Gehalt an Kali und Mineralien, die nach der Verrottung den Fuch-

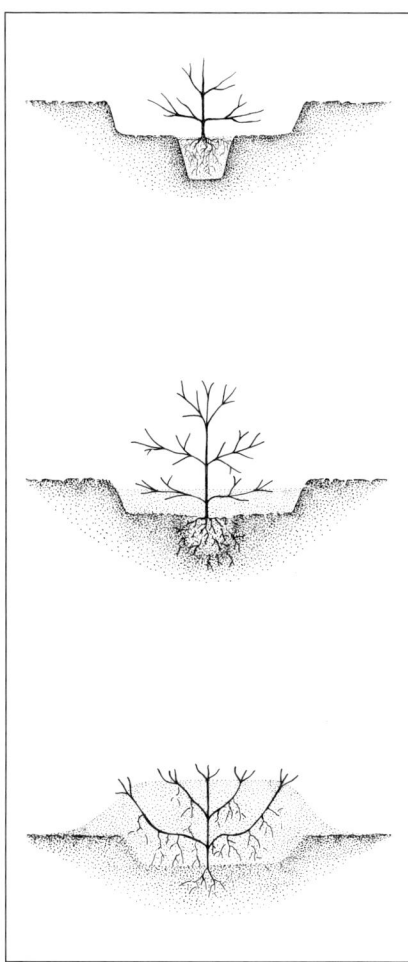

Pflanzung von winterharten Fuchsien, z. B. *F. magellanica,* in eine Mulde. Im Herbst wird die Mulde aufgefüllt und im Folgejahr mit Torf angehäufelt. Das Wurzelwachstum wird so gefördert und der Frostschutz erhöht

sien zugute kommen. Das alte Holz wird im Herbst nicht zurückgeschnitten. Es schützt den Wurzelballen und hält die Abdeckung zusammen. Wird im Herbst zurückgeschnitten, so muß man in nassen Wintern mit Ausfällen durch Stengelfäule rechnen. Erst im Frühjahr, wenn die jungen Austriebe erscheinen, wird das vorjährige Holz bis zum Boden zurückgeschnitten. Besonders wichtig ist der Schutz der zarten jungen Triebe vor Spätfrösten im April und Mai. Ein übergestülpter Korb oder Karton reicht dazu in der Regel aus. Alte eingewachsene Sträucher besitzen tiefreichende Wurzeln, die keines besonderen Schutzes mehr bedürfen.

Einige bewährte winterharte Fuchsien-Arten und -Sorten

Beschreibung
F. magellanica
Seite 15,
F. procumbens
Seite 17
Farbfotos Seite 14
und 19

Beschreibung der
Sorten ab Seite 57

Fuchsia magellanica, locker aufrechter Strauch von 1 bis 1,5 m Höhe. Blüten rot/purpur.

F. magellanica var. *macrostemma* (syn. var. *gracilis*), zierlicher Strauch mit überhängenden Zweigen von 0,80 bis 1 m Höhe, Blüten rot/purpur.

F. magellanica var. *molinae* (syn. var. *alba*), aufrecht, 1,5 bis 2 m hoch, sehr hart mit weißen Blüten.

F. magellanica 'Pumila', 30 cm hoch, Blüten rot/blau.

F. magellanica 'Tricolor', 50 cm hoch, Laub dreifarbig, Blüten rot/purpur.

F. magellanica 'Variegata', 60 cm, Laub panaschiert, Blüten rot/purpur.

F. procumbens, polsterbildende Steingartenpflanze mit gelb/braunen Blüten und schönen Früchten.

'Genii', 50 cm hoch, gelb/rotes Laub, Blüten rot/blau.

'Mme Cornelissen', 80 cm hoch, rot/weiße Blüten.

'Margaret', 1 m hoch, rot/blaue halbgefüllte Blüten.

'Riccartonii', 1 m hoch, starkwüchsig, Blüten rot/blau.

'Tom Thumb', 25 cm hoch, Blüten rot/purpur.

Die Erziehung dekorativer Formen

Fuchsien wachsen entweder aufrecht oder mit flexiblen, hängenden Trieben. Von einigen horizontal wachsenden Sorten abgesehen, kann man alle in diese beiden Kategorien einordnen. Diese Tatsache machen wir uns bei der Anzucht bestimmter Formen zunutze. Wir suchen aus dem großen Angebot die Sorten aus, die uns für unsere speziellen Zwecke geeignet erscheinen. Von der richtigen Wahl hängt oft der Erfolg ab.

Busch und Strauch

Die meisten Fuchsien werden in Busch- oder Strauchform herangezogen. Wir verwenden sie zur Bepflanzung von Balkonkästen und Kübeln, als Topfpflanzen oder im Gartenbeet. Der Anfänger kann hier seine besten Erfahrungen sammeln.

Wir beginnen mit einem gutbewurzelten Steckling. Wenn er das dritte Blattpaar gebildet hat, wird die Triebspitze, die aus den oberen zwei oder drei winzigen Blättchen besteht, abgeschnitten oder vorsichtig mit Daumen und Zeigefinger ausgekniffen. Dieser Vorgang, Entspitzen oder Pinzieren genannt, regt die schlafenden Blattknospen in den Blattachseln der verbleibenden zwei Blattpaare zu schnellem Austrieb an. Nach kurzer Zeit haben sich vier neue Seitentriebe gebildet, unsere Pflanze ist buschig geworden. Dieser Vorgang wird wiederholt, wenn die vier neuen Triebe drei Blattpaare gebildet haben. Nun sollten schon 16 Triebe vorhanden sein. Je öfter man also entspitzt, um so mehr Seitentriebe bildet die Pflanze und entsprechend viele Blüten sind später zu erwarten. Vom letzten Entspit-

zen bis zur Blütenbildung vergehen bei Sorten mit einfachen Blüten 6 bis 8 Wochen, bei gefüllten Sorten 8 bis 10 Wochen. Alle Knospen, die während der Anzuchtphase eventuell schon erscheinen, werden zugunsten einer späteren Vollblüte immer mit entfernt.

Strauchformen bilden sich bei vielen robusten Fuchsien auch ohne unser Zutun. Sie treiben direkt aus dem Wurzelballen neue Triebe. Diese natürlichen Strauchformen eignen sich besonders gut zur Beetbepflanzung im Garten, die meisten winterharten Fuchsien gehören dazu.

Der Hochstamm

Der Hochstamm, auch Kronenbäumchen genannt, ist eine besonders charmante Form, Fuchsienblüten zu präsentieren, denn man kann sie aus nächster Nähe in Augenhöhe bewundern.

Für eine schnelle Anzucht wählen wir stark- und aufrecht wachsende Sorten, die ihre Blätter in Quirlen zu dritt um den Stamm tragen. Typische Vertreter dieser Gruppe sind:
'Checkerboard'
'Deutsche Perle'
'Mission Bells'
'Mrs. Lovell Swisher'

Die Anzucht eines Stämmchens wird vereinfacht, wenn wir in der vegetativen Phase, etwa ab August, damit beginnen. Ein gut bewurzelter Steckling sollte also zu dieser Zeit zur Verfügung stehen. Unser erstes Ziel ist es, einen kräftigen Stamm zu bekommen, der später auch eine Krone tragen kann. Wir werden des-

Beschreibung der Sorten ab Seite 57

51

So entsteht ein
Hochstamm:
Der bewurzelte
Steckling wird an
einem Stab befestigt.
Die Seitentriebe
werden laufend
entfernt.
Wenn der Stamm
hoch genug ist, wird
der Trieb an der
Spitze abgeknipst.
Aus 4–6
Seitentrieben wird
die Krone geformt

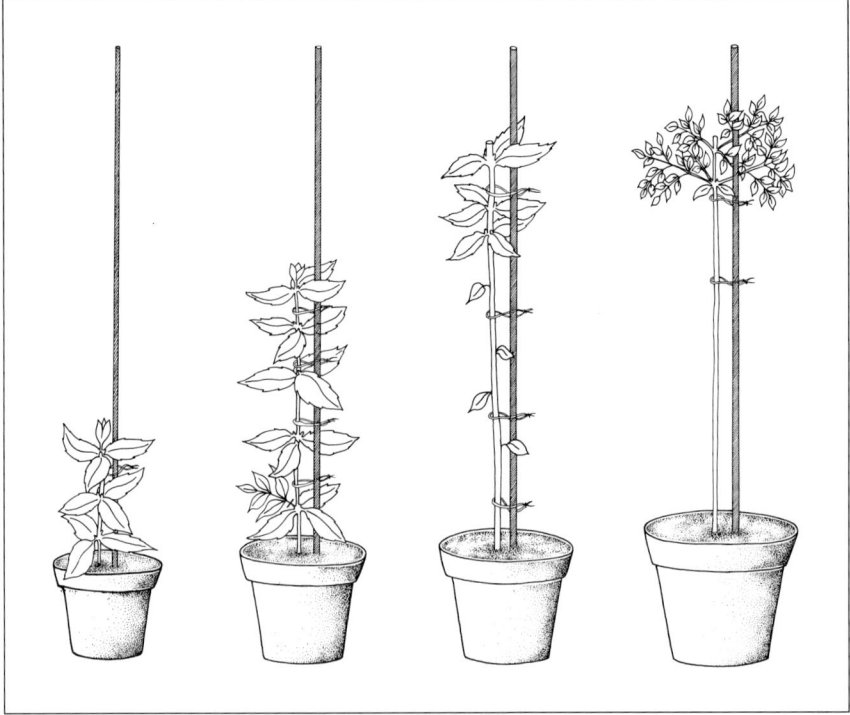

halb nicht entspitzen, sondern alle Sorgfalt darauf verwenden, die Spitze niemals zu beschädigen. Damit der Stamm gedrungen wächst, bleibt der Topf bis Ende Oktober im Freien stehen. Der geschützte Platz muß so hell wie möglich sein. Von Anfang an wird der Steckling an einem Stab hochgezogen und im Abstand von 5 cm sorgsam aber locker angebunden. Wann immer der Topf durchwurzelt ist, wird in einen nächstgrößeren mit nahrhafter Erde verpflanzt. Der Wurzelballen darf dabei nicht beschädigt werden. Die volle Energie der Pflanze soll in das Höhenwachstum gelenkt werden. Darum entfernen wir alle in den Blattachseln erscheinenden Seitentriebe, sobald wir sie entdecken. Dabei dürfen weder der Stamm noch die an ihm sitzenden Blätter beschädigt werden. Mit ihrer Hilfe muß die Pflanze assimilieren. Rechtzeitig vor dem ersten Frost wird der Topf an einen hellen Platz im Haus oder Gewächshaus gebracht und bei 12–16 °C aufgestellt. Zügiges Wachstum wird mit einer wö-

chentlichen Blattdüngung unterstützt. Auf diese Weise können wir bis zum Frühjahr Stammhöhen von 1 m und mehr erreichen. Je nach Höhe bezeichnet man die Pflanzen als:
Fußstamm bis 30 cm
Halbstamm bis 75 cm
Hochstamm über 75 cm

Wenn der Stamm die gewünschte Höhe annähernd erreicht hat, lassen wir die oberen vier bis sechs Seitentriebe wachsen. Sie bilden den Grundstock der jetzt zu formenden Krone. Dazu muß der Saftstrom vom Stamm in die Seitentriebe umgelenkt werden. Das geschieht, indem wir die Spitze mit den oberen drei Blättern abschneiden und das Höhenwachstum vorläufig beenden. Unsere weitere Aufmerksamkeit widmen wir jetzt der Formung einer dichten Krone. Wenn die stehengelassenen vier bis sechs Seitentriebe drei Blattpaare entwickelt haben, entfernen wir die Spitzen. Wir verfahren nun fortlaufend so an allen neu entste-

52

henden Trieben, also so wie bei der Buschkultur, denn im Grunde ist ein Hochstamm nur ein Busch auf einem Stamm. Man sollte immer bemüht sein, den Umfang der Krone in ein ausgewogenes Verhältnis zur Stammhöhe zu bringen. Eine winzige Krone auf einem meterhohen Stamm ist ebensowenig harmonisch wie eine 60 cm Krone auf einem Fußstamm.

Sehr elegante Stämmchen lassen sich auch aus Fuchsien mit hängendem weichen Wuchs ziehen. Da diese Sorten von Natur aus keine kräftigen, tragfähigen Stämme bilden, wenden wir eine etwas andere Anzuchtmethode an. Diese unterscheidet sich von der vorstehend beschriebenen nur in einem Punkt. Über die gesamte Stammhöhe verbleiben alle entstehenden Seitentriebe zunächst am Stamm, werden aber nach jedem zweiten Blattpaar entspitzt. Dadurch wird das Höhenwachstum zwar deutlich verlangsamt, die Anzucht dauert länger. Weil aber die Seitentriebe den Stamm miternähren, wird er kräftiger und dadurch erst fähig, das Gewicht einer Krone zu tragen. Erst im zweiten Jahr der Anzucht entfernen wir die Seitentriebe mit einem scharfen Messer und einem sauberen Schnitt ganz dicht am Stamm.

Geeignete Sorten für Hochstämmchen:

'Checkerboard'	'Mission Bells'
'Deutsche Perle'	'Swingtime'
'Harry Gray'	'Mrs. W. Rundle'
'Pink Galore'	'Elfriede Ott'
'Hidcote Beauty'	'Multa'
'South Gate'	'Mrs. Lovell Swisher'

Beschreibung der Sorten ab Seite 57

Dekorative hohe Pflanzen

Wenn man von einigen Fuchsien mit schwacher Konstitution absieht oder von solchen, die von Natur aus nur einen niedrigen Busch bilden, lassen sich viele Sorten, aufrechtwachsende und hängende, auf einfache Weise in relativ kurzer Zeit zu großen, dekorativen Exemplaren heranziehen. Die Stecklinge der von uns ausgewählten Sorten sollten etwa Anfang Oktober gut bewurzelt sein. Beim ersten Umtopfen wird ein Stab beigesteckt von der Höhe, die wir mit dieser Pflanze anstreben. Alle 5 cm wird der Steckling locker angebunden. Die Triebspitze darf nicht beschädigt werden. Die Pflanze soll – ohne Eingriffe – so natürlich hochwachsen, wie es ihrer Art entspricht; alle Seitentriebe bleiben in voller Länge an der Pflanze. Diese sollte

siehe auch Farbfoto Seite 7

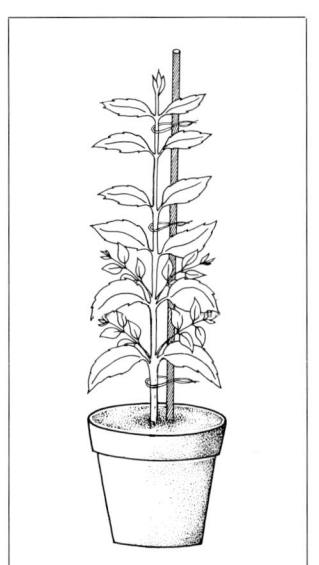 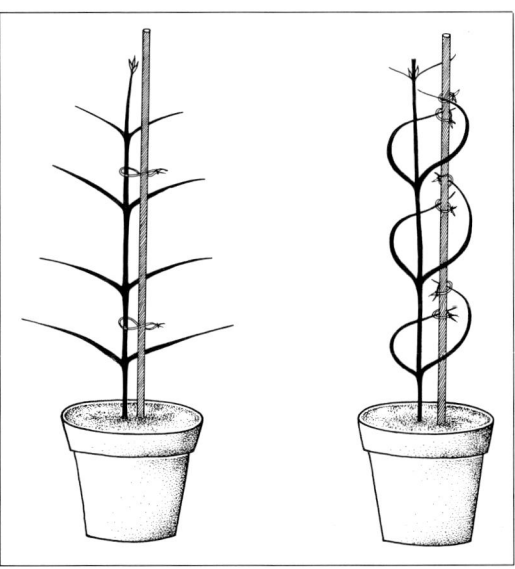

Links:
Formieren eines Hochstamms aus Sorten mit hängendem Wuchs
Rechts:
So entsteht eine hohe, dicht belaubte Pflanze

53

Links:
'Ortenburger
Festival'
Beschreibung
Seite 83
Rechts:
'Riccartonii'
Beschreibung
Seite 86

Links:
Formieren eines
Spaliers.
Geeignete Sorten
sind z. B.
'Chang', 'South Gate'
und 'Swingtime'
Beschreibung ab
Seite 57

Rechts:
Formieren einer
Pyramide durch
Einkürzen der
Leittriebe. Die
Triebe müssen
unauffällig mit
Stäben gestützt
werden

 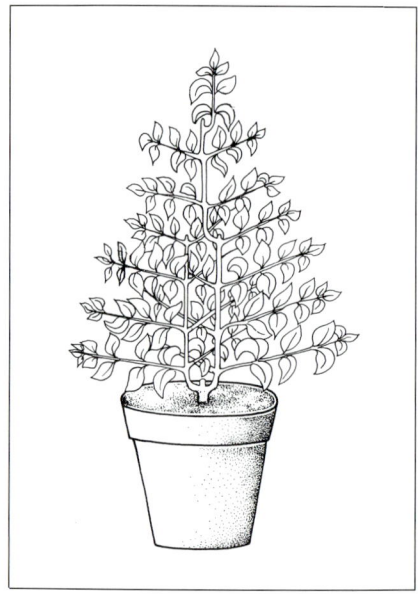

möglichst freistehen, um sich gleichmäßig nach allen Seiten zu entwickeln. Alle paar Tage muß sie mit einer anderen Seite zum Licht gedreht werden. Wann immer es erforderlich ist, pflanzen wir in einen größeren Topf und düngen öfter über das Blatt. Die Pflanze soll ohne Wachstumsstockung zügig wachsen. Dies setzt natürlich auch eine Temperatur von 12–16 °C im Gewächshaus oder Wintergarten voraus. Wenn es Frühling wird, sind manche auf diese Art gezogenen Pflanzen 0,80 bis 1 m hoch. Wenn die gewünschte Höhe erreicht ist, wird der Spitzentrieb entfernt und nun geht die volle Wuchsenergie in die Seitentriebe über. Sie werden aber nicht gestutzt, sondern vorsichtig spiralförmig in nicht zu engen Windungen um den Stützstab gewunden und unauffällig daran befestigt. Nach acht bis zehn Wochen, von diesem Zeitpunkt an gerechnet, stehen die Pflanzen in voller Blüte. Es ist wirklich kaum zu glauben, wie prachtvoll sie in relativ kurzer Zeit werden. Dieses Erfolgserlebnis wird zu weiteren Versuchen motivieren. Besonders vorteilhaft ist diese Anzuchtmethode bei hängenden Sorten mit langen Internodien und großem Laub, unter dem sich die Blüten oft verstecken. Durch das bogenförmige, fast waagerechte Anbinden der Triebe entstehen zahlreiche Sekundärtriebe und später eine reichere Blüte.

Wenn man im nächsten und in weiteren Jahren die Freude an solchen aufwendig gezogenen Pflanzen behalten möchte, sollte der Rückschnitt im Frühjahr immer so erfolgen, daß die einmal aufgebaute Grundstruktur erhalten bleibt.

Über die bisher beschriebenen Formen hinaus lassen sich Fuchsien, solange die Triebe weich und nicht verholzt sind, in jede beliebige Form ziehen. Der Phantasie sind dabei keine Grenzen gesetzt.

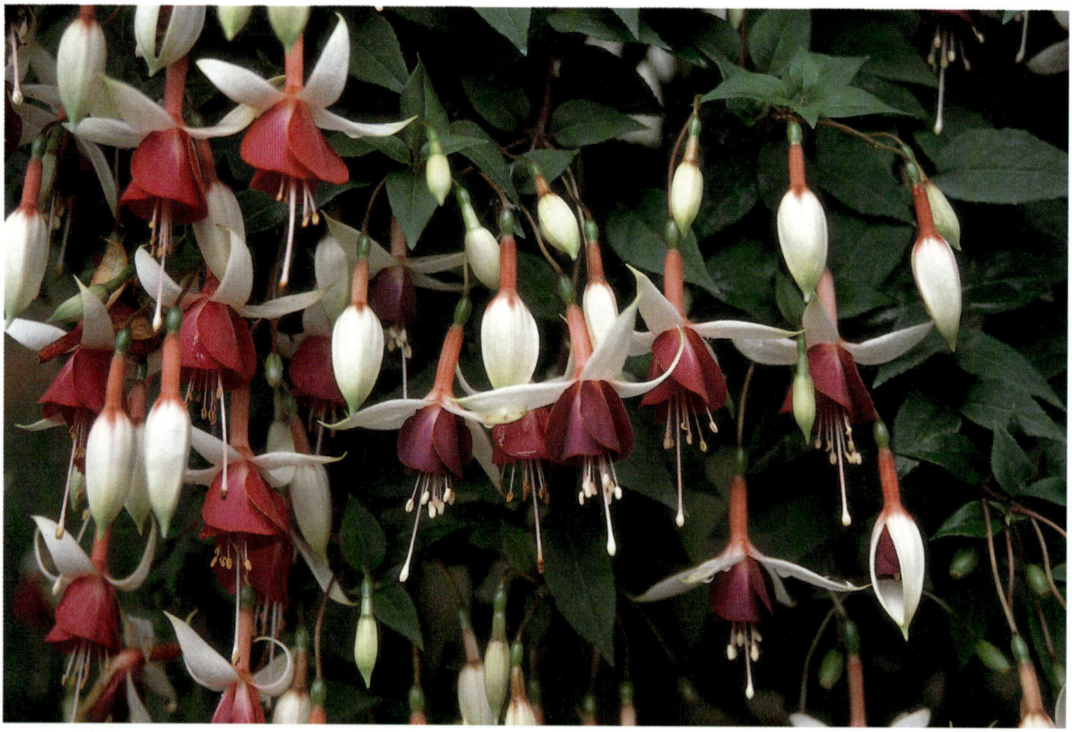

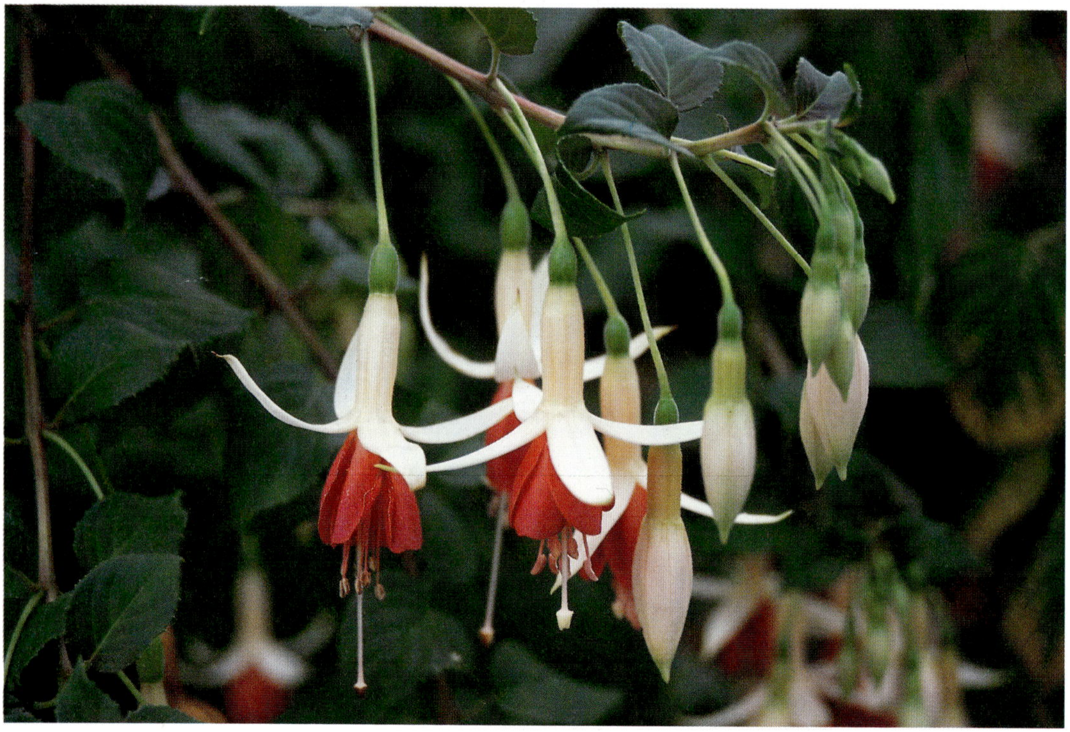

Fuchsien-Sorten von A bis Z

Es gibt Tausende von Fuchsien-Sorten und es ist unmöglich, sie auch nur annähernd vollzählig aufzuführen. Die hier genannten 75 Sorten sind besonders empfehlenswerte und besonders schöne Sorten, die alle im Handel sind, also von Gärtnereien angeboten werden. Bewußt wurden auch einige Neuzüchtungen aufgenommen.

Die bei den Sortenbeschreibungen angegebenen Register-Nummern beziehen sich auf das Internationale Sortenregister für Fuchsien, das seit 1950 bei der American Fuchsia Society (AFS) geführt wird.

'Amy Lye'
(Lye 1885, GB)

Tubus: rahmweiß
Sepalen: rahmweiß, grüne Spitzen
Korolle: korallenrot, einfach
Staubfäden: rosa
Stempel: weiß
Laub: dunkelgrün, rote Mittelrippe, Neutrieb bronze
Wuchs: aufrecht bis überhängend
'Amy Lye' ist eine gute alte Sorte, die wegen ihrer Starkwüchsigkeit vielseitig verwendbar ist. Ob als Busch, Hochstamm oder Pyramide gezogen, 'Amy Lye' ist immer ein Blickfang. Die Blüten sind vom unverwechselbare Lye-Typ. Der relativ lange, wächserne Tubus und die waagerecht stehenden Sepalen sind rahmweiß. Die einfache Korolle bietet mit ihrem leuchtenden Korallenrot einen guten Kontrast dazu. Die Substanz der großen Blüte ist hervorragend. Sonne und Regen werden gut vertragen. Für diese Sorte typisch und ein Erkennungszeichen ist eine deutliche Falte in jedem Petal.

Ausgepflanzt als Beetpflanze im Garten ist 'Amy Lye' von guter Fernwirkung und blüht pausenlos den Sommer hindurch. Diese zeitlose Schönheit stellt immer noch manche Neuheit in den Schatten.

'Auntie Jinks'
(Wilson 1970, GB)
'Checkerboard' ✕

Tubus: rosenrot
Sepalen: weiß mit rötlichem Rand, grüne Spitzen
Korolle: purpur mit weißer Basis, einfach
Staubfäden: blaßrosa
Stempel: blaßrosa
Laub: mittelgrün, klein und spitz
Wuchs: hängend mit flexiblen Zweigen
Nicht immer hat man Platz für Ampeln, die durch weit ausladenden Wuchs Wagenradgröße erreichen. Vor Mauern und Zäunen ist eine Ampel mit 'Auntie Jinks' besser geeignet. Sie bildet, wenn wir sie als Jungpflanze ein- bis zweimal entspitzt haben, lange, biegsame Triebe. Diese wachsen wie ein Wasserfall direkt über den Topfrand nach unten. Während die ersten Triebe früh im Jahr zu blühen beginnen, schieben sich aus dem Wurzelballen und den älteren Trieben fortlaufend neue Zweige nach, die schnell zur Blüte kommen. Das Laub ist klein und unauffällig. Es ordnet sich der Pracht der zahlreichen, eher kleinen Blüten gut unter. Die Knospen erinnern noch ein wenig an 'Checkerboard'. Besonders hübsch ist 'Auntie Jinks' als Randbepflanzung in größeren Kübeln, als guter Farbpartner zu aufrechten Fuchsien mit weißen oder zart rosafarbenen Blüten.

Linke Seite oben:
'Auntie Jinks'

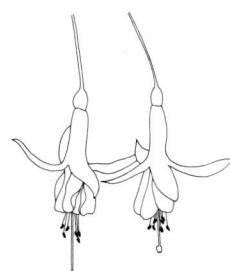

Linke Seite unten:
'Amy Lye'

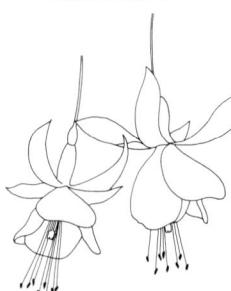

'Beacon Rosa'

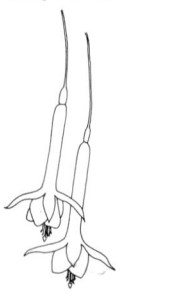

'Billy Green'

'Berkeley'

'Bon Accord'

'Beacon Rosa'
(Bürgi-Ott 1972, CH)

Tubus: rosarot
Sepalen: rosarot
Korolle: rosa, leicht geadert, einfach
Staubfäden: rosa
Stempel: rosa
Laub: dunkelgrün, gewellt am Rande, stark gesägt
Wuchs: aufrecht und buschig
Diese vielseitig verwendbare Sorte ist in der Schweizer Gärtnerei Bürgi-Ott als spontane Mutation entstanden an einer Pflanze der alten, weitverbreiteten Gärtnersorte 'Beacon' (Bull 1871, GB). Auf mich wirkt die Ausgangssorte immer ziemlich dunkel, ohne Leuchtkraft. 'Beacon Rosa' ist in der Blütenfarbe viel gefälliger und leuchtender geworden, ohne von den guten Eigenschaften der Ausgangssorte auch nur eine eingebüßt zu haben.
Wenn sie als Beet- und Gartenpflanze verwendet wird, zeichnet sie sich durch Regen- und Wetterfestigkeit aus und ist pflegeleicht. Das harte Laub wird von Schädlingen gemieden. Weitere Pluspunkte dieser Sorte sind die reiche, pausenlose Blüte.

'Berkeley'
(Reiter 1955, USA)
Reg.-Nr. 233

Tubus: hellrosa
Sepalen: hellrosa, breit, hochgestellt
Korolle: leuchtend tyrisch-rot, gefüllt
Staubfäden: hellrosa
Stempel: weißrosa
Laub: mittelgrün
Wuchs: lax-überhängend
'Berkeley' hat große rundliche Blüten, die in Mengen erscheinen. Nach der ersten Hochblüte legt die Pflanze eine kurze Ruhepause ein, um dann unerschöpflich bis zum Frost durchzublühen.
Sehr gut zur Bepflanzung von Balkonkästen oder für den Rand größerer Container geeignet.

'Billy Green'
(Züchter unbekannt, eingeführt von Rawlins 1966, GB)

Tubus: lachsrosa, lang und dünn
Sepalen: lachsrosa, kurz und spitz
Korolle: reinrosa, einfach
Staubfäden: rosa
Stempel: rosa
Laub: olivgrün an rötlichen Stielen, matte Oberfläche
Wuchs: aufrecht, starkwüchsig, buschig
Man vermutet, daß dieser Zufallssämling aus 'Andenken an Heinrich Henkel' × 'Leverkusen', beides Triphylla-Hybriden, entstanden sein könnte. Jedenfalls ist es eine außergewöhnlich starkwüchsige und besonders reichblühende Triphylla-Hybride mit mittellangen, zartfarbigen Blüten. Wie die meisten dieser Kategorie gedeiht und blüht sie am besten in voller Sonne. Ausgepflanzt in den Garten oder in Containern mit viel Wurzelraum wächst sie sich in einer Saison zu wahren Prachtexemplaren aus. Auch ein sehenswerter Hochstamm läßt sich in einem einzigen Jahr ziehen, sollte aber bei mindestens 10 °C überwintert werden.

'Bon Accord'
(Crousse 1861, F)

Tubus: weiß, kurz
Sepalen: weiß
Korolle: blaßrosa bis rosapurpur, einfach
Staubfäden: blaßrosa
Stempel: weiß
Laub: mittelgrün, klein
Wuchs: straff aufrecht, sparrig
'Bon Accord' ist die bekannteste Sorte aus einer recht kleinen Gruppe von Fuchsien mit atypischen, aufrechtstehenden Blüten. In Amerika, aber auch von manchen deutschen Gärtnern wird sie unter dem Namen 'Erecta Novelty' angeboten. Beide Sorten sind absolut identisch. Nach den Richtlinien moderner Nomenklatur muß – bei Unklarheiten – die Pflanze den Namen bekommen, der ihr meistens zugeordnet wird; hier also 'Bon Accord'.

Oben:
'Billy Green'
Links:
'Beacon Rosa'
Rechts:
'Berkeley'

Rechts:
'Carmel Blue'
Rechte Seite
Links:
'Carnival'
Rechts:
'Caspar Hauser'

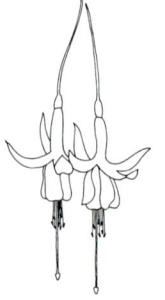

Diese ungewöhnliche Sorte mit Mengen zartfarbener, eher kleiner Blüten ist robust und starkwüchsig. Dem sparrigen, eigenwilligen Wuchs kann man durch Entspitzen, bei älteren Pflanzen durch kräftigen Rückschnitt begegnen. Die große Popularität verdankt die Pflanze wohl dem Flair des Besonderen.

'Cameron Ryle'
(Ryle 1971, GB)
Reg.-Nr. 1024
'Lena Dalton' × 'Citation'

Tubus: weiß, kurz
Sepalen: weiß, grüne Spitzen, unterseits rosig
Korolle: purpurblau, halbgefüllt
Staubfäden: pink
Stempel: weiß
Laub: mittelgrün, klein
Wuchs: aufrecht, gut verzweigt
Als 'Cameron Ryle' im August 1971 auf der Rosecarpe-Show zum ersten Mal vor-

gestellt wurde, erhielt sie eine Goldmedaille. Es gibt nur wenige Fuchsien mit dieser hohen Auszeichnung, also müssen sie schon einige Qualitäten aufweisen. In diesem Fall ist zunächst der Aufbau der Pflanze zu erwähnen. Wie ein Tannenbäumchen wächst sie ganz natürlich bis etwa 50 cm hoch in einem Jahr. An jedem fast waagerechten Seitentrieb sitzen die mittelgroßen, blau-weißen Blüten mit der schön gerüschten Korolle gut sichtbar am äußeren Ende.

Die Blüten sind von einer guten Substanz und verändern ihre Farbe erst kurz vor dem Verblühen.

Viele blau-weiße Fuchsien sind nicht einfach zu kultivieren, diese macht keine Probleme.

'Carmel Blue'
(Hodges 1956, USA)
Reg.-Nr. 247

Tubus: lang, grünlich weiß
Sepalen: weiß, unterseits blaßrosa, lang mit gelbgrünen Spitzen
Korolle: reines Blau, weiß an der Basis, einfache Blüte
Staubfäden: blaßrosa mit rötlichen Staubgefäßen
Stempel: weiß, sehr lang
Laub: mittelgrün, wenig gezähnt, rote Mittelrippe
Wuchs: aufrecht und gut verzweigt
Bei der Einführung 1956 war 'Carmel Blue' eine Sensation. Die klare weißblaue Farbkombination war neu und stellte einen Durchbruch in der Fuchsienzüchtung dar. Bei allen älteren Sorten war das Blau immer mehr purpur.

Die klassischen, einfachen Blüten sind groß, lang und elegant. Durch die ebenfalls langen, spitzen Knospen wird der Eindruck von Eleganz noch unterstrichen.

Um die schönen Farben lange zu erhalten, müssen wir einen schattigen Standort wählen. In der Sonne verfärbt der Kelch sich verwaschen rosa und das Laub wird gerne von der Roten Spinne heimgesucht.

Die Pflanze eignet sich als Topf- oder Beetpflanze. Sie kann 0,60 bis 0,80 m hoch werden. Um aber nicht nur Höhe, sondern auch Breite und Volumen zu erreichen, müssen wir wiederholt während der Anzucht entspitzen. Während viele weiß-blaue Fuchsien schwierig in der Kultur sind – vor allem die stark gefüllten Sorten – kann man 'Carmel Blue' jedem Anfänger empfehlen.

'Carnival'
(Tiret 1956, USA)
Reg.-Nr. 250

Tubus: weiß, rot gestreift, lang
Sepalen: grünweiß, glänzend, unterseits gekreppt
Korolle: spiräenrot, strahlend, gefüllt
Staubfäden: weiß
Stempel: weiß
Laub: grasgrün, groß mit tiefliegenden Blattnerven
Wuchs: ausladend überhängend

'Carnival' ist in erster Linie eine wüchsige Ampelsorte, aber daneben vielseitig verwendbar. Am Spalier gezogen oder an einem Fußstämmchen kommen die Blüten mit den auffälligen Merkmalen gut zur Geltung. Der Tubus, die gerollten schneeweißen Sepalen und die dichtgewickelte Korolle mit dem für Fuchsien ungewöhnlichen Rot, alles ist lang, schmal und elegant. Sogar die Knospen passen gut in dieses Bild. Selbst nach ein- bis zweimaligem Entspitzen laden die Triebe weit aus. Sie sind aber flexibel und kräftig genug, um dem Wind zu widerstehen.

'Caroline'
(Miller 1967, GB)
'Citation' ×

Tubus: cremerosa, kurz
Sepalen: hellrosa, unterseits dunkler, grüne Spitzen
Korolle: hell-lavendel, rosa an der Basis, einfach

'Carnival'
Farbfoto oben links

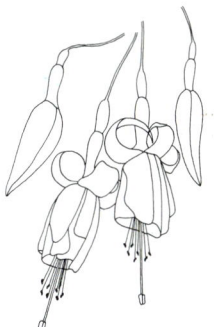

'Caroline'

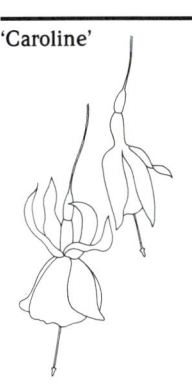

'Caspar Hauser'
Farbfoto Seite 61

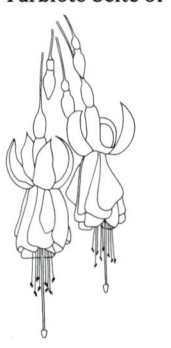

'Chang'
Farbfoto unten

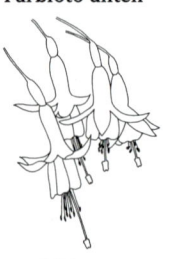

Staubfäden: rosa
Stempel: weißrosa
Laub: mittelgrün, klein, feingezähnt
Wuchs: aufrecht mit kurzen Internodien
'Caroline' gehört auch noch nach 25 Jahren seit ihrem Entstehen in England zu den schönsten Fuchsien. Die weit geöffnete, einmalige Glockenform der großen Blüten hat sie mit der »Mutter« 'Citation' gemeinsam. Besonderer Schönheit billigen wir in der Regel auch einige Extraansprüche zu. In diesem Falle bedeutet das: besondere Sorgfalt beim Gießen und nicht zu schnelles Umtopfen in größere Töpfe im Jungpflanzenstadium. Ältere Pflanzen werden robuster.

Eine gewisse Anfälligkeit für *Botrytis*, die wir bei Fuchsien mit zarten Pastellfarben und dichtem Laub kennen, sollte vorbeugend durch Spritzen mit einschlägigen Mitteln – besonders auch bei der Überwinterung – behandelt werden.

Der Standort sollte immer hell und schattig sein. Der große Blütenreichtum muß durch regelmäßige Düngung ausrei-

chend ernährt werden. Bei Stickstoffmangel wird das Laub chlorotisch. Prachtvolle Hochstämme, Busch- und Spalierformen, die jede Mühe belohnen, lassen sich ziehen.

'Caspar Hauser'

(Springer 1983, D)
'Major Heaphy' ×

Tubus: scharlachrot, glänzend
Sepalen: scharlachrot, glänzend, unterseits krepppartig
Korolle: mahagonirot, jedes Petal schwarz umrandet, gefüllt
Staubfäden: rot
Stempel: rot
Laub: hellgrün an roten Stielen, fein gezähnt
Wuchs: aufrecht und buschig
Wer 'Caspar Hauser' zum ersten Mal sieht, ist fasziniert von dieser einmaligen, ganz besonderen Farbkombination. Die Blüte mit der hübsch ordentlich gewickelten Korolle und dem feinen seidigen Glanz auf den Petalen ist von guter Substanz und bleibt lange schön.

Die Pflanze ist starkwüchsig und verzweigt sich recht gut. Wegen der problemlosen Überwinterung lassen sich große, mehrjährige Pflanzen heranziehen, die überaus reich blühen.

'Chang'
(Hazard & Hazard 1946, USA)
F. splendens ×

Tubus: orangerot, kurz, glänzend
Sepalen: orangerot, unterseits heller, grüne Spitzen
Korolle: leuchtend orange, einfach
Staubfäden: blaßrosa
Stempel: weiß
Laub: hellgrün, groß, leicht behaart
Wuchs: aufrecht, sparrig
'Chang' ist eine außergewöhnlich starkwüchsige Sorte, die ihre Vitalität wahrscheinlich der direkten Abstammung von *F. splendens* (Sektion Fuchsia) verdankt.

Der Kreuzungspartner ist leider nicht bekannt. Die Eigenschaft, bei entsprechenden Temperaturen bis weit in den Winter hinein zu blühen, ist auf die gleiche Tatsache zurückzuführen. Auch zur Überwinterung sind höhere Temperaturen von mindestens 10 °C erforderlich. Die große Beliebtheit verdankt die Sorte der aparten Pagodenform und ihren bezaubernden lackglänzenden, eher kleinen Blüten. Vor dem hellgrünen Laub kommt das intensive Orange zu einmaliger, brillanter Leuchtkraft.

Der Wuchs ist eher eigenwillig zu nennen und nur schwer zu korrigieren. Eine Buschform muß oft entspitzt werden. Am schönsten wirkt 'Chang' als Hochstamm. Ein Herbststeckling wächst bis zum Frühjahr leicht 1 m bis 1,50 m hoch, bildet einen kräftigen Stamm und nach dem Entspitzen viele Verzweigungen. Ob Busch oder Hochstamm, in ein vollsonniges Gartenbeet gepflanzt, wird 'Chang' zum unübersehbaren Blickfang.

'Checkerboard'
(Walker & Jones 1948, USA)

Tubus: rot und lang
Sepalen: schneeweiß, rote Basis, schmal und spitz
Korolle: dunkler rot als der Tubus, weiße Basis, einfach
Staubfäden: weiß
Stempel: anfangs weiß, später rötlich
Laub: mittelgrün, fein gezähnt, roter Mittelnerv
Wuchs: straff aufrecht, vital und starkwüchsig

'Checkerboard' ist eine Fuchsie, die vielseitig verwendbar ist und mit Ihrem Reichtum an schlanken, mittelgroßen Blüten überall auffällt.

Als Beetpflanze, frei im Garten ausgepflanzt, kann sie bei guter Kultur in einem Sommer leicht 0,80 bis 1,00 m hoch werden.

Als Hochstamm, Säule oder gar Pyramide gezogen, ist sie besonders dekorativ und ein gutes Ausstellungsobjekt.

Die Kultur ist völlig problemlos. Jeder Steckling bewurzelt in kurzer Zeit.

Wegen der relativ langen Internodien muß früh und oft entspitzt werden, am besten nach jedem zweiten Blattpaar. Aufgrund des abrupten Farbwechsels ist der Name »Schachbrett« gut gewählt.

'Citation'
(Hodges 1953, USA)
Reg.-Nr. 153

Tubus: hellrot
Sepalen: hellrot, schmal, steil hochgestellt
Korolle: weiß, wenig rot geadert, glockenförmig, einfach
Staubfäden: hellrot
Stempel: hellrot
Laub: mittelgroß, rote Blattnerven
Wuchs: aufrecht, buschig

Kaum jemand kann der klassischen Schönheit und Anmut dieser außergewöhnlichen Blütenform widerstehen. Auch die klare rot-weiße Farbkombination trägt zur großen Popularität bei. Die Sepalen werden so steil hochgestellt, daß der Tubus völlig verdeckt ist. Die Pflanze wächst aufrecht, verzweigt sich gut und eignet sich am besten für die Topfkultur an einem geschützten Platz. Das Laub – schmal, klein und zugespitzt – ist fest und

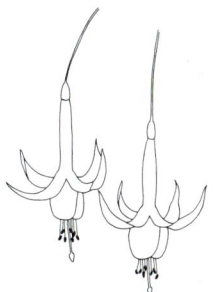

'Checkerboard'
Farbfoto oben

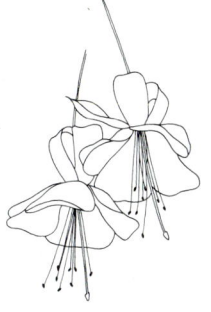

'Citation'
Farbfoto Seite 64

'Daisy Bell'

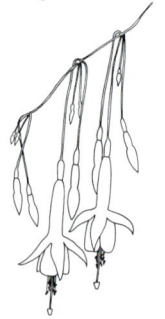

'Cliantha'

widerstandsfähig gegen Krankheiten und Schädlinge. Bei guter Pflege sowie regelmäßiger Düngung produziert 'Citation' unermüdlich ihre großen, edelgeformten Blüten. Weil die Sorte nicht sehr starkwüchsig ist, erfordert die Anzucht großer Pflanzen etwas Geduld. Wenn es gelingt, sind sie atemberaubend schön.

'Cliantha'
(Strümper 1983, D)
'Lena Dalton' ×

Tubus: rötlich
Sepalen: violett marmoriert, grüne Spitzen
Korolle: rot-purpur, gefüllt
Staubfäden: rosa
Stempel: rosa
Laub: dunkelgrün
Wuchs: aufrecht
'Cliantha' ist ein Dauerblüher mit Blüten von besonderer Leuchtkraft; der Blühbeginn liegt bereits im Mai. Das Laub ist fest und wenig anfällig für Krankheiten und Schädlinge. Die Vermehrbarkeit ist gut. Geeignet ist die Sorte, die 1988 in Hannover gut bewertet wurde, als Balkonkasten- oder Beetpflanze.

'Daisy Bell'
(Einführer Mieseke 1977, USA)
Reg.-Nr. 1420
Züchter unbekannt

Tubus: weiß-orange, lang
Sepalen: hellorange, gelbgrüne Spitzen
Korolle: lachsrosa, gelbgrüne Spitzen, einfach
Staubfäden: hellrosa
Stempel: cremefarben
Laub: hellgrün mit kupferroten Zeichnungen
Wuchs: hängend
Diese kaskadenartig nach unten fallende Sorte ist starkwüchsig und vital. Die Blüten trägt sie vorwiegend in Trauben am Ende der langen, biegsamen Triebe, nur vereinzelt achselständig. Dabei ist die Blütenfülle bemerkenswert.
Besondere Standortansprüche werden nicht gestellt. Wenn man ihr aber einen sonnigen Platz bieten kann, färben Laub und Blüten schöner aus. Wie alle buntlaubigen Fuchsien ist auch diese Sorte besonders empfindlich gegen Übergießen. In einer Ampel oder dekorativ an einem Stab hochgezogen wird man den Wuchseigenschaften dieser Sorte am besten gerecht.

Rechts:
'Citation'
Rechte Seite,
jeweils von links
nach rechts:
'Cliantha'
'Evensong'
'Deutsche Perle'
'Flash'
'Fiona'
'Elfriede Ott'

65

'Deutsche Perle'
Farbfoto Seite 65

'Deutsche Perle'
(Twrdy 1874, D)

Tubus: cremeweiß, kompakt
Sepalen: cremeweiß, horizontal gestellt
Korolle: orangerot, einfach
Staubfäden: rosa
Stempel: weiß und lang
Laub: hellgrün mit matter Oberfläche
Wuchs: aufrecht und buschig
Für viele Jahre war 'Deutsche Perle' neben 'Beacon' die allgegenwärtige Fuchsie. Es gab kaum ein Schmuckbeet in öffentlichen Gärten, wo man sie nicht aufgepflanzt fand. Inzwischen ist die Konkurrenz anderer Sorten zwar größer geworden, doch von ihren Qualitäten hat diese alte, bewährte Sorte darum nichts verloren.
Bei der Anzucht und Pflege ist sie anspruchslos. Jeder Steckling bewurzelt in kurzer Zeit. Sie ist vielseitig zu verwenden, erfreut aber besonders als Beetpflanze mit gesundem Laub und wetterfesten Blüten, die eine gute Fernwirkung haben. Ein schöner Hochstamm kann in einem Jahr gezogen werden.

'Elfriede Ott'
Farbfoto Seite 65

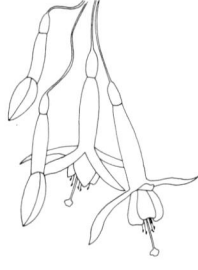

'Dollarprinzessin'
Farbfoto Seite 37

'Dollarprinzessin'
(Lemoine 1912, F)

Tubus: kirschrot
Sepalen: kirschrot, kreppartig unterseits, hochgestellt
Korolle: purpurblau, gefüllt
Staubfäden: rot
Stempel: rötlich
Laub: dunkelgrün, spitz, fein gezähnt
Wuchs: locker aufrecht und buschig
'Dollarprinzessin' ist eine alte, langbewährte und vielseitig verwendbare Fuchsie. Die Blüten sind eher klein, doch perfekt in der Form, mit schön gewickelter Korolle. Besondere Ansprüche an die Pflege oder den Standort sind nicht zu beachten. Ob als Topfpflanze, im Balkonkasten oder Gartenbeet, die Sorte ist immer attraktiv. Ein Bäumchen mit rundlicher, ganz dichter Krone ist überall ein Blickfang.

'Elizabeth'

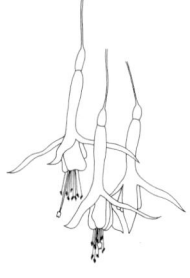

'Elfriede Ott'
(Nutzinger 1976, A)
'Koralle' × *F. splendens*

Tubus: altrosa, lang und dick
Sepalen: altrosa
Korolle: etwas dunkler rosa, einfach
Staubfäden: altrosa
Stempel: altrosa
Laub: olivgrün, klein
Wuchs: lax aufrecht bis hängend
'Elfriede Ott' wird zu den Triphylla-Hybriden gestellt, obwohl sie von der Mutter 'Koralle' nur noch einen geringen Anteil Erbgut von *F. triphylla* enthalten kann. Das eher kleine Laub ist stumpf-olivgrün, der Wuchs so weich, daß man diese Sorte vorteilhaft in Ampeln präsentieren sollte.
Die Blüten mit relativ langem aber ungewöhnlich dickem Tubus sind fast uni altrosa, nur die kurze Korolle ist ein wenig dunkler getönt. Eine Besonderheit unter den Triphylla-Hybriden bilden die stark gekräuselten Petalen, die die Blüte auf den ersten Blick gefüllt erscheinen lassen. Bei genauer Untersuchung findet man in der Mehrzahl der Blüten doch nur 4 Petalen, selten 5 oder 6.
Die Sorte ist gut sonnenverträglich, hitzebeständig und regenfest, darum auch als Beetpflanze im Garten verwendbar. Als tagneutrale Sorte blüht sie unabhängig von der Tageslänge, im Gewächshaus oder Wintergarten auch im Winter.
Die Temperatur sollte nicht unter 10 °C fallen.
'Elfriede Ott' ist zweifellos die schönste der Züchtungen des Österreichers Karl Nutzinger und die Krönung seiner Arbeit.

'Elizabeth'
(Whiteman 1941, GB)

Tubus: opalrosa, lang
Sepalen: opalrosa, weißgrüne Spitzen
Korolle: rosenrot, einfach
Staubfäden: hellrosa
Stempel: hellrosa
Laub: mittelgrün, groß, fein gesägt
Wuchs: überhängend und ausladend

Die langen, eleganten Blüten dieser Sorte sind so schön, daß man die Schwierigkeit, daraus eine gut bestockte Pflanze zu ziehen, gerne in Kauf nimmt. Auf Entspitzen reagiert sie nur sporadisch. Am besten wirkt sie in einer Wandampel, wo im Laufe des Sommers die Triebe durch das Gewicht der vielen Blüten herunter gezogen werden und dann auch Seitentriebe bilden.

'Evensong'
(Colville 1967, GB)

Tubus: weiß, rosa überzogen, lang
Sepalen: weiß, am Ansatz rosa, grüne Spitzen, hochgestellt, gedreht
Korolle: weiß, leicht rosa geadert, einfach
Staubfäden: weißrosa
Stempel: weiß
Laub: hellgrün, fein gezähnt
Wuchs: aufrecht und buschig
Im Gewächshaus oder an einem geschützten Platz auf der Terrasse, geschützt gegen Sonne, Wind und Regen sollten wir diese Sorte unterbringen. In der Sonne, selbst in hellem intensivem Licht werden die Blüten rosa. Regen- oder Gießwasser hinterläßt unschöne, braune Flecken auf den Blüten.

Probleme bei der Anzucht und Pflege macht die Pflanze nicht. Wenn wir ein- bis zweimal entspitzen, baut sie sich harmonisch und sehr dekorativ zu einem schönen Busch auf. Die großen Blüten mit der klassischen Glockenform erfreuen uns von Juni bis zum Frost.

'Fiona'
(Clark 1958, GB)
Jones Cup und Award of Merit der BFS

Tubus: grünlich-weiß
Sepalen: weiß, lang und schmal, grüne Spitzen
Korolle: blau-violett, rötlich-purpur verblühend, einfach
Staubfäden: pink
Stempel: weiß

Laub: mittelgrün, groß, gezähnter Rand
Wuchs: lax, horizontal
'Fiona' mit ihren großen, spektakulären Blüten ist eine sehr populäre Fuchsie, die jedem gefällt.

Die einfachen, wohlgeformten Blüten sind von hervorragender Substanz, darum lange haltbar. Sie bleiben bis zum Abfallen hübsch. Die langen schmalen Sepalen sind, wie der Tubus, im Anfang leicht grünlich angehaucht. Während die Knospen sich nur sehr langsam öffnen, haften die Sepalen mit den Spitzen aneinander und bilden so ein entzückendes Lampion mit der durchscheinenden Korolle. In diesem frühen Stadium ist die Blütenkrone von einem unwahrscheinlich schönen, reinen Blau.

Der Wuchs der Pflanze ist kräftig, aber mehr horizontal. Zur freien Entfaltung braucht sie viel Platz. Am besten bringt man sie in einer Ampel oder am Kübelrand unter. Wegen der großen Blätter und der dichten Belaubung ist auf Pilzbefall zu achten.

'Flash'
(Hazard & Hazard, USA, Jahr unbekannt)

Tubus: hellrot
Sepalen: hellrot
Korolle: eine Nuance dunkler rot, einfach
Staubfäden: hellrot
Stempel: hellrot
Laub: hellgrün, klein
Wuchs: aufrecht, starkwüchsig
'Flash' ist eine robuste, starkwüchsige, pflegeleichte Sorte, die in Südengland und Holland zu den winterharten Fuchsien gerechnet wird. Bei uns hält sie allerdings nur in milden Wintern oder im bevorzugten Weinbauklima im Freien aus.

Alles an der Pflanze ist lang und schmal, der Wuchs straff aufrecht. Die länglich zierlichen, fast einfarbig roten Blüten wirken vor dem hellen Laubhintergrund besonders schön. Zu verwenden ist sie als Beetpflanze oder in entspre-

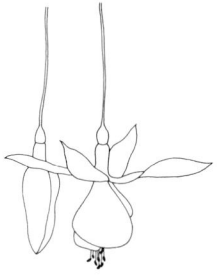
'Evensong'
Farbfoto Seite 65

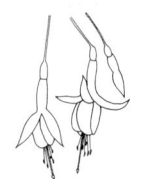
'Flash'
Farbfoto Seite 65

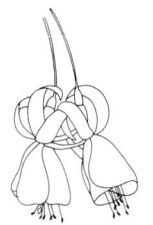
'Fiona'
Farbfoto Seite 65

Von links nach
rechts:
'Genii'
'Gruß aus dem
Bodethal'

'Foolke'

'Genii'
Farbfoto oben

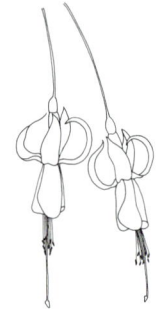

chend großen Kübeln. Alle größeren Strukturen lassen sich erfolgreich mit 'Flash' ziehen.

'Foolke'
(Bögemann 1984, D)
(*F. excorticata* × 'Ting-a-Ling') × *(F. perscandens* × *F. magellanica* var. *molinae)*
Reg. Nr. 2201

Tubus: lang, wächsern glänzend, dunkel flieder
Sepalen: schmal, spitz, waagerecht, dunkel flieder
Korolle: aubergine nach tief weinrot verblühend, einfach
Staubfäden: violett mit blauen Pollen
Stempel: violett, Narbe creme
Laub: mittelgrün, klein, zugespitzt
Wuchs: straff aufrecht mit langen Internodien
Es stecken ungeahnte Möglichkeiten in dem schier unerschöpflichen, komplexen Potential der Gattung *Fuchsia* und ihrer Cultivare. 'Foolke' ist exemplarisch dafür. Wenn ein Züchter es wagt, neue Arten in die Kreuzung einzubeziehen, wie Lutz Bögemann hier die beiden »Neuseeländer« aus der Sektion Skinnera, kommen so sensationelle, völlig neue Farbkombinationen heraus. Sogar der leuchtend blaue Pollen der Arten ist wieder zum Vorschein gekommen. Die formschönen Blüten sind von hervorragender Substanz und bleiben lange frisch. Wegen der langen Internodien muß früh und wiederholt entspitzt werden. Dann bekommt man einen schönen, allerdings relativ hohen Busch.

'Genii'
(Reiter 1951, USA)

Tubus: rot
Sepalen: rot
Korolle: blau, einfach

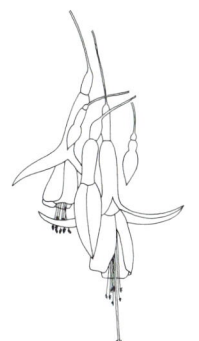

Staubfäden: rosa
Stempel: rosa
Laub: gelb mit roten Nerven an roten Stielen
Wuchs: aufrecht und buschig

'Genii' ist ein richtiges Gartenjuwel, das einen sonnigen Standort bevorzugt. Nur in der Sonne färbt sich das goldgelbe Laub mit den roten Stielen besonders schön aus. Im Schatten bleibt das Laub grün. Der vielverzweigte, leicht überhängende Strauch wird etwa 60 bis 80 cm hoch, kann also auch in kleineren Gärten gepflanzt werden. Die hübsch geformten Blüten bestechen durch ihr besonders reines Blau.

An einem sonnigen Standort, wo das Holz im Herbst gut ausreifen kann, ist 'Genii' absolut winterhart. Sie treibt im Frühjahr oft schon Anfang April wieder aus, wenn man durchaus noch mit Nachtfrösten rechnen muß. Der junge Austrieb ist dann unbedingt zu schützen.

'Gesäuseperle'
(Nutzinger 1946, A)

Tubus: weiß, lang
Sepalen: weiß
Korolle: rosenrot, einfach
Staubfäden: weißrosa
Stempel: weiß
Laub: mittelgroß, groß
Wuchs: hängend, starkwüchsig

Diese weit verbreitete Sorte gehört zu den ersten Fuchsien, die der österreichische Züchter Karl Nutzinger kurz nach dem zweiten Weltkrieg herausbrachte. Er war Gärtner im Stift Admont in der Steiermark. Als Kreuzungspartner benutzte er – nach seinen eigenen Aufzeichnungen – uralte Fuchsiensorten, gesund, wüchsig und blühfreudig, die er auf Bauernhöfen in der Umgebung vorfand. Entstanden ist daraus diese kräftig wachsende, robuste Pflanze, die unermüdlich große, längliche Blüten produziert und sich besonders gut für die Bepflanzung von Balkonkästen

'Gesäuseperle'
Farbfoto oben

und großen Kübeln eignet. Mit der alten Sorte 'Amelie Aubin' ist sie leicht zu verwechseln.

'Glendale'
Farbfoto Seite 41

'Glendale'
(Evans & Reeves 1936, USA)
F. lycioides × 'Fireflush'

Tubus: lachsrosa, lang
Sepalen: lachsrosa, schmal
Korolle: lachsrosa, kurz, einfach
Staubfäden: lachsrosa
Stempel: weißrosa
Laub: mittelgrün, mittelgroß
Wuchs: aufrecht und buschig, starkwüchsig
Die einfarbig lachsrosa, mittelgroßen Blüten stehen in großen Mengen traubenförmig am Ende der Triebe. Die Sorte beginnt sehr früh im Jahr mit der Blüte und hält pausenlos bis zum Frost durch. Vermehrung und Kultur geben keine besonderen Probleme auf. Als Topfpflanze ist die Sorte fast zu starkwüchsig, doch als lockerer Busch im Garten ausgepflanzt – sie ist gut sonnenverträglich – besonders hübsch. Mit etwas Aufwand und Sorgfalt lassen sich alle größeren Strukturen ziehen.

'Gruß aus dem Bodethal'
Farbfoto Seite 68

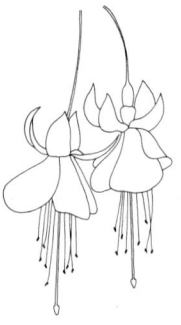

'Golden Glow'
(Munkner 1958, USA)

Tubus: hellorange
Sepalen: hellorange mit dunklerer Unterseite
Korolle: orange, einfach
Staubfäden: orange
Stempel: gelborange
Laub: mittelgrün, relativ groß
Wuchs: lax, aufrecht bis überhängend
Die mittelgroßen Blüten von 'Golden Glow' sind zwar schön in Form und Farbe, haben aber einen Fehler mit vielen der frühen orangefarbenen Züchtungen gemeinsam: nur die ganz junge, soeben aufgegangene Blüte ist makellos. Schon am zweiten Tag sehen die Petalen am unteren Rand wie verbrannt aus. Dabei macht es keinen Unterschied, ob heiß und son-

'Golden Glow'
Farbfoto Seite 41

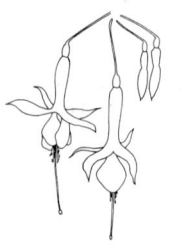

'Harry Gray'

nig oder kühl und schattig gepflanzt wird. Bei neueren Sorten dieser Farbe ist es glücklicherweise gelungen, dieses Handicap auszumerzen.

Zu verwenden ist diese Fuchsie in sonnigen Lagen. Mit öfterem Entspitzen und späterem Rückschnitt kann man eine bessere Verzweigung erreichen.

'Gruß aus dem Bodethal'
(Sattler und Bethge 1894, D)

Tubus: rot, kurz und kompakt
Sepalen: rot, glänzend, horizontal
Korolle: sehr dunkles, fast schwarzes Purpurblau, einfach
Staubfäden: rot
Stempel: rot
Laub: dunkelgrün mit roten Nerven, fein gezähnt
Wuchs: aufrecht, buschig, nicht sehr hoch
'Gruß aus dem Bodethal' ist eine bezaubernde Fuchsie mit einfachen, wohlgeformten Blüten von guter Substanz und langer Haltbarkeit. Tubus und Sepalen sind leuchtend lackrot, die Korolle sehr dunkelblau, beim Öffnen beinahe schwarz. Die ungewöhnlich schöne Farbkombination erfreut uns tagelang. Erst später wird die Korolle weinrot.

Man kann die Pflanze nicht eigentlich starkwüchsig nennen. Im ersten Jahr erreicht sie eine Höhe von 30 bis 40 cm maximal, baut sich nach einmaligem Entspitzen aber sehr schön auf. Ein Fußstämmchen dieser Sorte wird ein Blickfang in jeder Sammlung sein.

'Harry Gray'
(Dunnett 1980, GB)
Reg.-Nr. 1607
'La Campanella' × 'Powder Puff'

Tubus: weiß rot gestreift, kurz
Sepalen: weiß, rosa an der Basis, grüne Spitzen
Korolle: weiß, rosa an der Basis, gefüllt
Staubfäden: hellrosa

Stempel: weiß
Laub: dunkelgrün, kleine rote Stiele
Wuchs: hängend, kurze Internodien, gute Verzweigung

Fuchsienstecklinge werden unter Liebhabern oft getauscht oder doch von Hand zu Hand weitergegeben. Wenn eine Sorte in wenigen Jahren schon weit verbreitet ist, so hat sie mit Sicherheit besondere Qualitäten. Auch bei 'Harry Gray' ist das der Fall. Der hängende Wuchs ist gut verzweigt und reich belaubt. Schon mit drei Pflanzen kann man eine 20-cm-Ampel füllen. Die Blüte ist kompakt und dicht gefüllt, hübsch rundlich geformt, aber insgesamt zierlich. Da sie zu den vielgeliebten »fast weißen« Sorten gehört, gedeiht sie an einem kühlen Platz mit gefiltertem Licht besonders gut. Zur Dekoration bevorzugter Plätze oder für Ausstellungen lassen sich bezaubernde Miniaturstämmchen ziehen, die ihre Wirkung auf den Betrachter nie verfehlen.

'Heron'
(Lemoine 1891, F)

Tubus: dunkelrot
Sepalen: dunkelrot
Korolle: blauviolett, rot geadert, einfach
Staubfäden: rot
Stempel: hellrot
Laub: mittelgrün, rote Stiele
Wuchs: aufrecht, starkwüchsig

Eine außergewöhnlich robuste, vitale Sorte, die seit fast 100 Jahren in Kultur ist. Oft werden unter diesem Namen die sehr ähnlichen Sorten 'Royal Purple' oder 'Schwabenland' angeboten. Alle drei haben große Ähnlichkeit miteinander. Wir verwenden sie als reichblühende, wetterfeste Beetpflanze. Hochstämme oder Pyramiden von sagenhaften Ausmaßen sind in relativ kurzer Zeit zu erzielen.

'Hidcote Beauty'
(Webb 1949, GB)
Verdienstzeugnis der AFS 1962

Tubus: cremefarben, wachsartig
Sepalen: cremefarben, wachsartig, grüne Spitzen
Korolle: helles Lachsrosa, einfach
Staubfäden: blaßrosa
Stempel: weiß
Laub: hellgrün, fein gezähnt
Wuchs: aufrecht bis überhängend, vital

Zart pastellfarbene Blüten in perfekter Harmonie zu dem gesunden hellgrünen Laub zeichnen 'Hidcote Beauty' aus. Der Blütenkelch ist von außergewöhnlich fester, wächserner Substanz. Gießwasser und Regen rinnen schadlos an ihm ab, so bleibt die Blüte zu unserer Freude tagelang makellos. Die Sorte ist vielseitig verwendbar. Schön ist sie als Busch gezogen für die Terrasse oder den Garten, muß aber anfangs etwas gestützt werden. Der starke, vitale Wuchs macht auch die Anzucht großer Pflanzen in relativ kurzer Zeit einfach. Ein Hochstamm von stattlichen Ausmaßen, mit stabilem, tragfähigem Stamm und großem Kronendurchmesser ist an Schönheit und Blütenfülle kaum zu übertreffen. Dieses Juwel sollte in keiner Sammlung fehlen.

'Hindu Belle'
(Munkner 1959, USA)

Tubus: weiß, kompakt, leicht eckig
Sepalen: weiß, unterseits rosa, lang und breit, hochgestellt
Korolle: burgunderrot, einfach
Staubfäden: blaßrosa
Stempel: weiß
Laub: dunkelgrün, groß, fein gesägt
Wuchs: aufrecht, starkwüchsig

Die Blüten dieser Sorte sind zwar nur mittelgroß, erscheinen aber in solchen Mengen, daß die Einzelblüte kaum noch wahrgenommen wird. Der klare Farbkontrast von weißem Kelch und pflaumenblauer Korolle ist sehr anziehend. Mit zunehmender Reife werden die Blüten dann

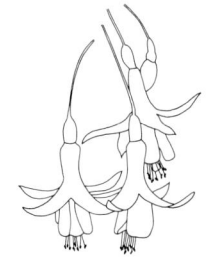

'Hidcote Beauty'

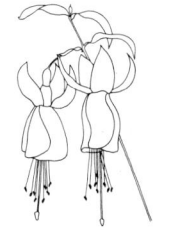

'Heron'

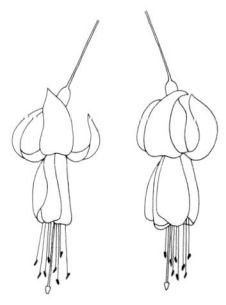

'Hindu Belle'

Links:
'Impudence'
Rechts:
'Ruth King'
Unten:
'Tom Thumb'

'Impudence'
Farbfoto oben links

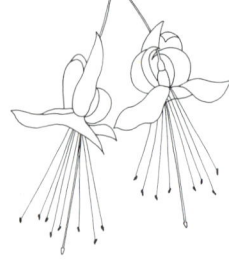

weinrot, wie bei vielen Fuchsien. Die Pflanze bildet von Natur aus sehr lange Triebe und verzweigt sich kaum. Diese Eigenschaft könnte man nützen und schöne Spaliere ziehen. Durch sorgfältiges frühes Entspitzen und späteren Formschnitt lassen sich aber auch gut bestockte Büsche und alle größeren Strukturen erziehen, die uns für das bißchen Mühe mit ihrer großen Blütenfülle reich entschädigen.

'Impudence'
(Schnabel 1957, USA)
Reg.-Nr. 291

Tubus: hellrot
Sepalen: hellrot, lang und schmal
Korolle: weiß, leicht rot geadert, tellerförmig, einfach
Staubfäden: rot
Stempel: rot, sehr lang
Laub: mittelgrün

Wuchs: aufrecht, sparrig mit langen Internodien

Die aus vier kreisrunden Petalen zusammengesetzte Korolle, die sich ganz flach, tellerförmig öffnet, ergibt mit den elegant hochgestellten Sepalen und den extrem langen Staubfäden eine Blüte von vollkommener Schönheit mit großem Charme. Im großen Fuchsiensortiment sind tellerförmige Blüten immer noch Raritäten.

Die sparrig wachsende Pflanze verzweigt sich nur widerwillig und macht häufiges Entspitzen bei jungen Pflanzen erforderlich. Ältere Pflanzen vertragen einen Formschnitt recht gut, so daß man doch gut bestockte Büsche erreichen kann. 'Impudence' sollte ganzjährig, in nicht zu großen Töpfen, an geschützten Plätzen gehalten werden.

'Jack Ackland'
(Haag 1952, USA)

Tubus: rosa
Sepalen: rosa
Korolle: dunkelrosa bis pink, einfach
Staubfäden: rosa
Stempel: rosa
Laub: dunkelgrün, rote Adern, groß und spitz
Wuchs: aufrecht bis überhängend

Diese Sorte erfreut sich schon lange großer Popularität, weil sie so viele Qualitäten aufweisen kann. Der starke Wuchs ist buschig, gut belaubt und geht immer in die Breite. Darum ist 'Jack Ackland' in erster Linie eine hervorragende Ampelpflanze. Mit etwas mehr Aufwand, gezieltem Formen und Entspitzen entstehen aber auch sehr dekorative Hoch-

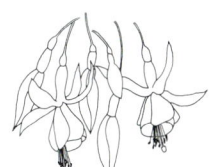

'Jack Ackland'

'Jack Ackland'

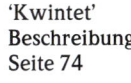

'Kwintet'
Beschreibung
Seite 74

'Joy Patmore'
Farbfoto Seite 77

'Leonhart von Fuchs'
Farbfoto Seite 76

'Leonora'

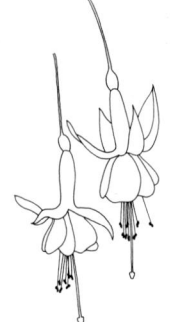

'Kwintet'
Farbfoto Seite 73

stämme mit hängenden Kronen. Die einfachen großen Blüten haben Sepalen, die doppelt so lang sind wie die Korolle. Die im Anfang etwas dunklere Korolle hellt bald auf und die Blüte ist dann einfarbig rosa. Besonders lange, spitze Knospen tragen ebenfalls zur guten Gesamtwirkung der Pflanze bei.

'Joy Patmore'
(Turner 1961, GB)

Tubus: weiß
Sepalen: weiß, hochgestellt
Korolle: leuchtend karminrot, weiß an der Basis, einfach
Staubfäden: weißrosa
Stempel: weiß
Laub: dunkelgrün
Wuchs: aufrecht und dicht verzweigt
'Joy Patmore' ist eine erstklassige Sorte, deren auffälligstes Merkmal die Kuli-Hut-Form der Blüten ist. Sie wächst als Busch mehr breit als hoch, bildet aber auch schöne runde Kronen an Stämmchen aus. Man kann 'Joy Patmore' in allen bekannten Formen ziehen, sogar ballförmig. Möglich ist das durch die kurzen Internodien und die einmalig positive Art, wie die Pflanze auf das Entspitzen reagiert. Es kann nach jedem Blattpaar entspitzt werden. Später erscheinen aus jeder Blattachsel vier Blüten. Im Vergleich zu den üblichen zwei ist das eine glatte Verdoppelung.

'Kwintet'
(van Wieringen 1970, NL)

Tubus: rot, lang
Sepalen: rot, horizontal gestellt
Korolle: hellrot, einfach
Staubfäden: rot
Stempel: hellrot
Laub: mittelgrün, rote Adern, rote Stiele
Wuchs: aufrecht und buschig
Einfarbig rote Fuchsiensorten mit schöner Blütenform gibt es nicht viele; 'Kwintet' gehört zu den besten. Sie ist problemlos

in der Pflege, leicht zu vermehren und verzweigt sich nach einmaligem Entspitzen sehr gut. Weil sie sich durch Wetterfestigkeit und gute Sonnenverträglichkeit besonders auszeichnet, verwenden wir sie als Beetpflanze oder in Balkonkästen und dürfen mit einer pausenlosen, reichen Blüte rechnen.

'Leonhart von Fuchs'
(Strümper 1985, D)
'Lechlade Rocket' × *F. fulgens* 'Rubra Grandiflora'
Wertzeugnis Hannover 1986

Tubus: orangerot, sehr lang und dünn
Sepalen: orangerot, kurz, grüne Spitzen
Korolle: orangerot, einfach
Staubfäden: hellorange
Stempel: hellorange
Laub: hellgrün, rotbrauner Neutrieb, groß
Wuchs: hängend
Bisher ist keine Fuchsiensorte mit so langen Blütenröhren bekannt. Die Blüten erscheinen in Trauben am Triebende. Der Wuchs ist hängend mit biegsamen Trieben, so daß die bis zu 15 cm langen Blüten auffällig und gut sichtbar sind. Die schöne Sorte erfordert eine sorgfältige Kultur bei höheren Temperaturen. Auch zur Überwinterung sind 10 °C das Minimum. Unter Fuchsienliebhabern gilt sie als absolute Rarität.

'Leonora'
(Tiret 1960, USA)
Reg.-Nr. 434
Verdienstzeugnis der AFS 1964

Tubus: rosa, rot gestreift, kurz, dick
Sepalen: weiß, rot umrandet, unterseits rosa, grüne Spitzen
Korolle: rosa, glockenförmig, einfach
Staubfäden: rosa
Stempel: rosa
Laub: dunkelgrün, Stiele rötlich, grob gezähnt
Wuchs: aufrecht, buschig, wüchsig

'Leonora' gehört nach wie vor zu den besten uni-rosa Fuchsien mit einfachen Blüten. Sie wächst aufrecht und verzweigt sich gut. Die relativ großen Blüten sind glockenförmig mit schön geschwungenen Petalen, die der Blüte eine aparte Form geben. Der Blütenreichtum läßt keine Wünsche offen. Am besten verwenden wir sie als Topfpflanze oder Hochstamm, auch für Ausstellungen, wo sie immer Aufmerksamkeit erregt. In Wohnräumen oder Dielen, die nicht zu lufttrocken sind, hält sie einige Zeit als schmückende Zimmerpflanze aus.

'Leverkusen'

(Hartnauer 1928, D)
'Andenken an Heinrich Henkel' ×

Tubus: lachskarminrot, kurz und dick
Sepalen: lachskarminrot, kurz
Korolle: lachskarminrot, einfach
Staubfäden: lachskarminrot
Stempel: lachskarminrot
Laub: mittelgrün, Neuaustrieb rötlich
Wuchs: breit ausladend
Diese Sorte ist in der Werksgärtnerei der I. G. Farben, heute Bayer, in Leverkusen entstanden. Obwohl sie zu den Triphylla-Hybriden gestellt wird, fallen bei näherem Betrachten doch einige für diese Fuchsiengruppe nicht charakteristische Besonderheiten auf. Das Laub ist normal grün, nur der rötliche Neutrieb erinnert noch an *F. triphylla*. Die kurze, relativ dicke Blütenröhre und die sowohl endständig wie achselständig angesetzten Blüten sind atypisch. 'Leverkusen' ist in erster Linie eine sehr gute, dekorative Beetpflanze. Der gedrungene, stark in die Breite gehende Wuchs hält bei entsprechend dichter Bepflanzung den Boden feucht und kühl.

Auf Temperaturschwankungen reagiert sie leicht mit dem Abwurf von Knospen und Blüten.

'Loeky'

(de Graaff 1979, NL)
Reg.-Nr. 1867
'Joy Patmore' × 'Impudence'
Verdienstzeugnis der VKC

Tubus: rosenrot
Sepalen: rosenrot, steil hochgestellt
Korolle: rosalila mit roten Adern, tellerförmig, einfach
Staubfäden: rosenrot
Stempel: rosa, sehr lang
Laub: mittelgrün, klein und schmal
Wuchs: aufrecht, gut verzweigt
'Loeky' ist bis heute wohl die schönste und darum bekannteste Sorte des holländischen Züchters Herman J. de Graaff aus Lisse. Gewidmet hat er diese außergewöhnliche Züchtung seiner charmanten Gattin Loeky.

Die Pflanze ist wüchsig und stellt keine besonderen Ansprüche in der Kultur. Ein- bis zweimal entspitzt wächst sie zu einem aufrechten, dekorativen Busch heran.

Ein schönes Stämmchen zu ziehen, ist gut möglich, dauert aber etwas länger. Besonders auffällig sind die tellerförmigen Blüten in zarten Pastelltönen. Beste Resultate erreichen wir im Schatten. Die Blühfreudigkeit nimmt an älteren Pflanzen deutlich zu.

'Madame Cornelissen'

(Cornelissen 1860, B)

Tubus: rot
Sepalen: rot
Korolle: weiß, rot geadert, halbgefüllt
Staubfäden: rot
Stempel: rot
Laub: dunkelgrün, klein und spitz, rote Stiele
Wuchs: aufrecht, buschig
Von den Fuchsiensorten, die in unserem Klima winterhart sind, ist diese eine der schönsten.

Die Blüten werden über den gesamten Strauch gleichmäßig verteilt angesetzt. Mit dem leuchtenden Rot-Weiß haben sie

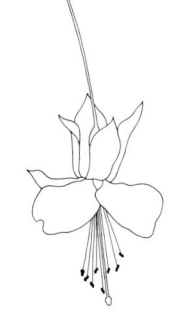

'Loeky'
Farbfoto Seite 37

'Leverkusen'
Farbfoto Seite 77

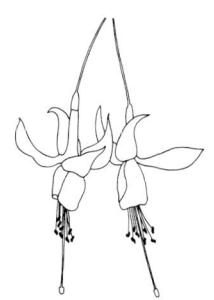

'Madame Cornelissen'
Farbfoto Seite 77

75

eine gute Fernwirkung. Im Garten blüht sie allerdings etwas später als andere Sorten, etwa ab Mitte Juli, dann aber pausenlos bis zum ersten Frost. Der straff aufrecht wachsende Strauch wird in jedem Jahr 80 bis 100 cm hoch.

Auch als Topf- und Kübelpflanze oder Hochstamm ist die Sorte sehr dankbar. Bei dieser Art der Verwendung muß natürlich frostfrei überwintert werden.

'Mantilla'
(Reiter 1948, USA)
Reg.-Nr. 1

Tubus: karminrot, sehr lang
Sepalen: etwas heller, rot, schmal und spitz
Korolle: karminrot, kurz, einfach
Staubfäden: karminrot
Stempel: karminrot mit weißen Staubgefäßen
Laub: olivgrün, Neutrieb rötlich, Blattnerven gerötet
Wuchs: hängend
'Mantilla' gehört zu den wenigen Triphylla-Hybriden mit hängendem, biegsamem Wuchs, die Mehrzahl wächst straff aufrecht.

Die einfarbig glänzend karminrote Blüte mit dem schlanken, extrem langen Tubus, den schmalen, spitzen Sepalen und der zierlichen Korolle ist von aparter Schönheit, die durch ihre schlichte Eleganz beeindruckt. Die Staubgefäße sind fast in der Blüte verborgen. Nur der Stempel ragt ein wenig heraus.

Bei guter Kultur können die Blüten durchaus 9 bis 10 cm Länge erreichen. Ein weiterer Unterschied zu anderen Triphylla-Hybriden sollte beachtet werden: 'Mantilla' bevorzugt einen schattigen Platz mit gefiltertem Licht. Am besten kommt sie in einer Ampel zur Geltung. Da sich während des Sommers aus den Blattachseln der hängenden Triebe ständig Seitentriebe bilden, sind immer Stecklinge vorhanden, die schnell und sicher bewurzeln. Die Vitalität alter Pflanzen läßt nach zwei bis drei Jahren deutlich

nach. Es ist besser, mit jungen Pflanzen neu zu beginnen. Im leicht beheizten Gewächshaus oder Wintergarten blüht die Pflanze bis zum Frühjahr ohne Unterbrechung durch.

'Margaret'
(Wood 1937, GB, eingeführt 1943)

Tubus: leuchtend rot, kurz
Sepalen: leuchtend rot, hochgestellt
Korolle: blau, rote Aderung, halb gefüllt
Staubfäden: hellrot
Stempel: weiß
Laub: blaugrün, gesägter Rand
Wuchs: aufrecht, kräftig
'Margaret' wächst zu einem kräftigen, aufrechten Strauch von 80 cm bis 1,20 m. Die gute Winterhärte kommt von *F. magellanica* var. *molinae* × 'Heritage'. Die Blüten sind groß für eine winterharte Fuchsie und halb gefüllt. Der Kelch ist leuchtend rot und die Korolle von einem fast reinen Blau mit ganz wenig roter Aderung.

Unter den winterharten Fuchsien gibt es nur wenige, die halbgefüllte Blüten haben. Der Durchmesser einer fest im Garten eingewachsenen 'Margaret' vergrößert sich von Jahr zu Jahr beachtlich. Man sollte das bei der Wahl des Pflanzplatzes bedenken.

'Marinka'
(Stika 1890, CSSR)

Tubus: rot, lang, glänzend
Sepalen: rot, kurz und breit
Korolle: eine Nuance dunkler rot, kompakt, einfach
Staubfäden: rot
Stempel: rot
Laub: dunkelgrün, rote Adern
Wuchs: überhängend, gut verzweigt
Es fällt schwer, mit neuen Worten 'Marinkas' Lob zu singen. Sie ist seit mehr als 100 Jahren im Sortiment und wird so häufig kultiviert, daß man daraus nur positive Schlüsse ziehen kann.

'Margaret'
Farbfoto Seite 80

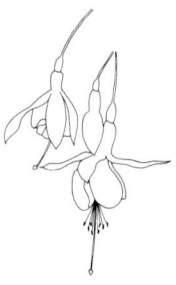

'Mantilla'
Farbfoto Seite 77

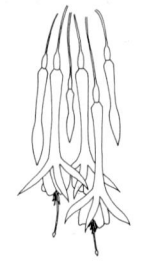

'Marinka'
Farbfoto Seite 77

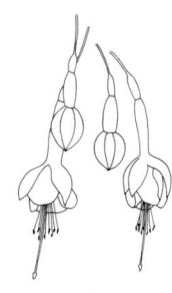

Mit ihrem starken, hängenden Wuchs und einer unglaublich reichen Blütenfülle belohnt sie schon den geringsten Pflegeaufwand. Einem Anfänger, der es mit dieser Sorte versucht, ist das – heute so oft zitierte – Erfolgserlebnis sicher. In erster Linie ist 'Marinka' eine ganz vorzügliche Ampelpflanze. Aber auch als Hängestämmchen kann sie uns viele Jahre erfreuen. Eine kleine Unart sind die dunklen Blattflecken, die im Frühjahr oder Herbst in kühlen Nächten entstehen, aber später von selbst verschwinden.

Zu Unrecht wurde diese Sorte bisher dem Züchter Rozain-Boucharlat, Frankreich, zugeschrieben. Nach Karel Hieke, in seinem Buch Fuchsia, Prag 1969, wurde sie von dem Amtsrat Dr. Stika in Heralec bei Humpolec gezüchtet und nach seiner Tochter benannt.

'Mary'
(Bonstedt 1894, D)
F. triphylla × F. corymbiflora

Tubus: scharlachrot, lang
Sepalen: scharlachrot, kurz, horizontal
Korolle: scharlachrot, kurz, einfach
Staubfäden: rot mit weißen Staubgefäßen
Stempel: rot
Laub: dunkelgrün, rote Nerven, leicht behaart
Wuchs: aufrecht mit flexiblen Zweigen
'Mary' gehört zu den ersten Triphylla-Hybriden des deutschen Züchters Karl Bonstedt. Das schmale, fast lanzettliche Laub ist von einem eigenartigen schiefer- oder stahlglänzendem Grünblau. Der Wuchs ist flexibler als bei anderen Triphylla-Sorten. Wenn die langen biegsamen Zweige von den Blütentrauben nach unten gezogen werden, entstehen an den Biegungen neue Seitentriebe, die den Blütenreichtum vervielfachen. Die Blüten stehen in dichten Trauben am Ende der Triebe. Die sehr langen, schlanken Einzelblüten sind leuchtend scharlachrot in allen Teilen. Da 'Mary' absolut keinen Frost verträgt, ja sogar schon bei niedrigen Temperaturen leidet, ist eine Überwinterung bei mindestens 10 °C unerläßlich. Ein geschützter, leicht schattiger Platz sagt ihr besonders zu. Alles in allem ist diese Sorte empfindlicher in der Kultur, nicht so robust wie spätere Bonstedt-Züchtungen. Die besten Ergebnisse für den kommenden Sommer sind mit Herbststecklingen zu erzielen, die im Winter durchkultiviert werden.

'Mephisto'
(Reiter 1941, USA)

Tubus: scharlachrot
Sepalen: scharlachrot
Korolle: crimsonrot, einfach
Staubfäden: kirschrot
Stempel: rosa
Laub: mittelgrün
Wuchs: aufrecht und buschig
Die klassisch schön geformten, fast einfarbig roten Blüten an einer schön aufgebauten, großen Pflanze sind sehr dekorativ in Gartenbeeten oder größeren Containern. An einem sehr geschützten Platz ist 'Mephisto' eventuell winterhart.

Im Gartenbeet, frei ausgepflanzt, müssen wir mit einem Platzbedarf von 1 m^2 rechnen. Die Sorte wächst dann mehr in die Breite und wird nicht sehr hoch.

'Miniroos'
(de Graaff 1981, NL)
Reg.-Nr. 1871
'Rose of Castille' ×
Verdienstzeugnis der VKC

Tubus: weiß
Sepalen: weiß, zu den Spitzen leicht rosa, schmal und spitz
Korolle: cyclamen-violett, einfach
Staubfäden: lilaweiß
Stempel: cremeweiß
Laub: mittelgrün, klein, spitz mit leicht gesägtem Rand
Wuchs: aufrecht, gut verzweigt

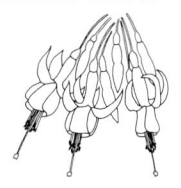

'Mephisto'
Farbfoto Seite 39

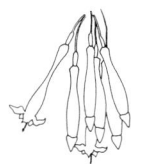

'Mary'
Farbfoto Seite 81

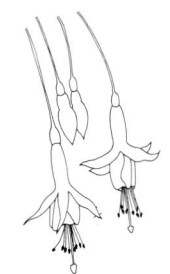

'Miniroos'
Farbfoto Seite 48

'Margaret'
Beschreibung
Seite 78

Die zierlichen Miniatur-Blüten von 'Miniroos' stehen halb aufgerichtet am Ende der Triebe, nur vereinzelt achselständig. Die Sepalen öffnen sich gerade soweit, daß die Korolle sichtbar wird. Wenn die Blütezeit ihren Höhepunkt erreicht hat, ist das Laub unter der Blütenfülle kaum noch zu sehen.

Gute Sonnenverträglichkeit und Regenfestigkeit zeichnen die Pflanze aus. Darum wirkt sie besonders gut als Beetpflanze im Garten oder als Miniatur-Bäumchen im Topf.

'Mission Bells' ist eine aufrecht- und starkwachsende Fuchsie, die nicht allzuviel Mühe bei der Anzucht macht. Wenn die rötlichen Zweige sich unter dem Gewicht der Blütenfülle niederbeugen, entstehen schon bald zahlreiche Seitentriebe, die das Pflanzenzentrum voll ausfüllen.

Das mittelgroße Blatt mit dem roten Mittelnerv ist matt an der Oberfläche. Die Blüten sind einfach und von aparter, elegant geschwungener Glockenform. Jedes einzelne Petal hat einen ausgeprägten roten Fleck am Grunde. Die Blühfreudigkeit ist sagenhaft, und die Blütezeit hält ungewöhnlich lange an. Wie bei dieser Farbstellung so oft, geht das anfangs herrlich intensive Purpurblau der Korolle bei zunehmender Reife in Weinrot über.

Obwohl es sehr viele rot-blaue Fuchsiensorten gibt, wird 'Mission Bells' dank der bezaubernden Glockenblüte immer eine Sonderstellung einnehmen. Darüber hinaus verdankt sie ihre Beliebtheit der vielseitigen Verwendbarkeit. Sie bildet dekorative Büsche im Topf oder Garten-

'Mission Bells'
siehe Umschlagfoto

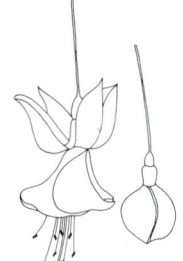

'Mission Bells'
(Walker & Jones 1948, USA)

Tubus: scharlachrot, kurz, kompakt
Sepalen: scharlachrot, breit, hochgestellt
Korolle: purpurblau, rot an der Basis, einfach
Staubfäden: rot
Stempel: rot
Laub: dunkelgrün, roter Mittelnerv, rote Stiele, leicht gezähnt
Wuchs: aufrecht, buschig, starkwüchsig

80

beet. Ein Hochstämmchen dieser Sorte ist immer ein attraktiver Blickfang. Allerdings sollte die Krone bei älteren Bäumen sorgfältig gestützt werden, weil das Holz mit zunehmendem Alter leicht brüchig wird.

'Mrs. Lovell Swisher'
(Evans & Reeves 1942, USA)

Tubus: rosa
Sepalen: weißrosa, unterseits dunkler, grüne Spitzen
Korolle: dunkelrosa, heller an der Basis, einfach
Staubfäden: dunkelrosa
Stempel: rosa

Laub: mittelgrün
Wuchs: straff aufrecht
Dies ist eine bewährte Sorte, die keine besonderen Ansprüche stellt und von den Liebhabern kleiner, zierlicher, einfacher Blüten sehr geschätzt wird.

Sie bringt ihre schmalen, länglichen Blüten in kaum vorstellbarer Fülle vom Monat Juni bis zum ersten Frost pausenlos hervor.

Als Stämmchen oder Säule gezogen besticht diese Fuchsie durch reiche, gesunde Belaubung.

Ein jährlicher Rückschnitt bis in das alte Holz wird gut vertragen. Um Laub- und Blütenmengen ausreichend zu ernähren, muß regelmäßig gedüngt werden.

'Mrs. Lovell Swisher'
Farbfoto unten

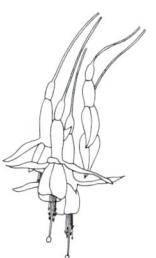

Links:
'Mary'
Beschreibung
Seite 79
Rechts:
'Mrs. Lovell Swisher'

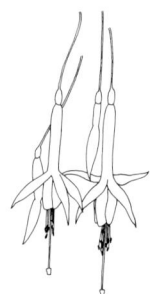

'Mrs. W. Rundle'

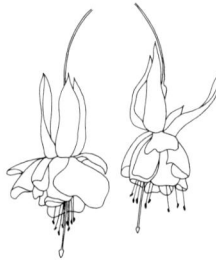

'Nancy Lou'

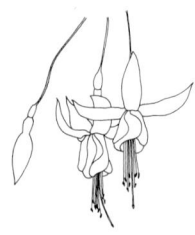

'Multa'

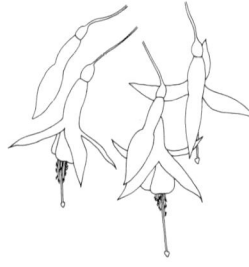

'Orange Crush'

Farbfotos dieser
Sorten Seite 84

'Mrs. W. Rundle'
(Rundle 1883, GB)

Tubus: creme bis fleischfarben, lang, wächsern
Sepalen: oberseits wie der Tubus, unterseits hellorange, grüne Spitzen
Korolle: orange-vermillion, einfach
Staubfäden: blaßrosa
Stempel: blaßrosa, extrem lang
Laub: hellgrün, groß, fein gesägt
Wuchs: lax mit langen Internodien
Diese vielseitig verwendbare, wüchsige und vitale Sorte bezaubert nun schon mehr als 100 Jahre durch Grazie und besonderen Charme. Die langen, grazilen Blüten mit den manchmal bananenförmig gebogenen Knospen werden vorwiegend in Trauben am Ende der Triebe getragen.

Wenn die Pflanzen in Balkonkästen oder Kübeln überhängend gezogen werden, bilden sich an den blütenschweren Haupttrieben spontan Seitentriebe, die auch bald blühen und die Pflanze buschig erscheinen lassen.

Einen ordentlichen Busch bekommt man durch häufiges Entspitzen. Dabei müssen die Triebe sorgfältig an Stäben aufgebunden werden. Ein Hochstamm sollte eine lange, schirmförmige Krone bekommen, wenn er wohlproportioniert erscheinen soll. Ganz einfach ist dieses Ziel aber nicht zu erreichen, weil nicht immer beide Achselknospen nach dem Entspitzen austreiben.

'Multa'
(van Suchtelen 1968, NL)

Tubus: rot
Sepalen: rot
Korolle: königsblau, weinrot verblühend, einfach
Staubfäden: rot
Stempel: rot
Laub: dunkelgrün, klein
Wuchs: überhängend, gut verzweigt
Alles an dieser Pflanze ist grazil und zierlich. Der Wuchs ist gut verzweigt mit flexiblen Trieben; also besonders gut für Ampeln oder als Randbepflanzung für Kübel geeignet. Die kleinen Blüten mit den anfänglich wirklich reinblauen Korollen erscheinen im Überfluß. Leider verblühen sie dann weinrot wie bei vielen anderen Sorten auch. Dies ist ein Dauerblüher, der in der Vermehrung und Pflege keinerlei Schwierigkeiten macht.

'Nancy Lou'
(Stubbs 1971, USA)
Reg.-Nr. 998

Tubus: hellrosa, kurz und kompakt
Sepalen: rosa, grüne Spitzen, lang und breit, steil hochgestellt
Korolle: schneeweiß, gefüllt
Staubfäden: rosa
Stempel: blaßrosa
Laub: mittelgrün und fest
Wuchs: aufrecht, starkwüchsig, buschig
'Nancy Lou' gehört zu den ersten Züchtungen der kalifornischen Züchterin Annabelle Stubbs, die ihren Namen inzwischen weltweit bekannt gemacht haben. Es ist schon erstaunlich, wie schnell es sich in Fuchsienkreisen herumspricht, wenn irgendwo in der Welt eine gute neue Sorte entstanden ist. 'Nancy Lou' besitzt alle Qualitäten, die eine gute Fuchsie auszeichnen. Sie ist nicht schwierig in der Kultur, von aufrechtem starken Wuchs. Das feste Laub wird kaum von Schädlingen befallen. Die großen Blüten, obwohl sehr dicht gefüllt, sind wetterfest und widerstandsfähig. Attraktive große Büsche und wunderschöne Hochstämmchen dieser Sorte können uns viele Jahre erfreuen, weil auch die Überwinterung problemlos ist.

'Orange Crush'
(Handley 1972, GB)
Reg.-Nr. 1057

Tubus: lachsorange
Sepalen: lachsorange, unterseits dunkler, grüne Spitzen
Korolle: orange, hellere Basis, einfach

Staubfäden: rosa
Stempel: hellrosa
Laub: hellgrün, grob gezähnt, groß
Wuchs: straff aufrecht
'Orange Crush' ist eine schöne, leuchtend orangefarbene Sorte der englischen Züchterin Enid Handley. Anfang der 70er Jahre brachte sie eine Anzahl neuer Sorten in dieser gesuchten Farbstellung heraus, die sich aber alle sehr gleichen: 'Orange Flair', 'Orange Cocktail' etc. Diese Pflanze ist starkwüchsig mit großem Laub und langen Internodien. Es muß darum im frühen Stadium häufig entspitzt werden, um schön aufgebaute Pflanzen zu bekommen. Wegen der guten Sonnenverträglichkeit ist sie gut als Gartendekoration verwendbar.

'Ortenburger Festival'
(Töpperwein 1973, D)
Reg.-Nr. 1432
'Beacon' × 'Gruß aus dem Bodethal'

Tubus: dunkelrot, kurz, dick
Sepalen: dunkelrot, breit, horizontal
Korolle: blauviolett, später weinrot, einfach
Staubfäden: rot
Stempel: rot
Laub: dunkelgrün mit grob gezähntem, gewelltem Rand
Wuchs: aufrecht, buschig, starkwüchsig
Diese Sorte wurde 1973 vom Züchter Töpperwein, Ortenburg, Niederbayern, in den Handel gebracht, aber erst 1977 von der Gärtnerei »Fuchsiarama«, Fort Bragg, Kalifornien, registriert.

Es ist eine robuste, starkwachsende, sehr früh und lange blühende Beetsorte mit weitgeöffneten mittelgroßen, glokkenförmigen rot-blauen Blüten. Die Verzweigung erfolgt nach einmaligem Entspitzen ganz natürlich und führt zum Aufbau schöner Buschformen.

Wegen ihrer leichten Kultur und problemlosen Vermehrung ist die Sorte jedem Anfänger zu empfehlen. Ein weiterer Pluspunkt ist die besondere Wetter- und Regenfestigkeit der Pflanze.

'Other Fellow'
(Hazard & Hazard 1946, USA)

Tubus: weiß, relativ lang und dünn
Sepalen: weiß, schmal, grüne Spitzen, waagerecht gestellt
Korolle: helles Lachsrosa, weiß an der Basis, einfach
Staubfäden: weißrosa
Stempel: weiß
Laub: mittelgrün, klein und spitz, feingesägter Rand
Wuchs: aufrecht, buschig, gut verzweigt
'Other Fellow' ist eine besonders attraktive Fuchsie von wirklich erlesener Schönheit. Gut geformte Exemplare mit der enormen Blütenfülle ziehen alle Blicke auf sich. So ist es nicht verwunderlich, wenn wir dieser Sorte häufig auf Ausstellungen begegnen.

Die wohlgeformten mittelgroßen Blüten wirken zart und fragil. Sie werden gut sichtbar am Ende der Triebe gebildet. Die Blütezeit ist pausenlos und besonders lang. Bei aller Zartheit der Blüten ist die Pflanze aber wüchsig und durchaus imstande, große Büsche oder Stämmchen zu bilden.
Gegossen werden sollte immer mit Überlegung, nur wenn es wirklich erforderlich ist. Das gilt jedoch nur für Pflanzen in Töpfen und Containern. Ausgepflanzt im Gartenbeet ist die Sorte durchaus wetter- und regenfest.

'Pink Cloud'
(Waltz 1955, USA)
Reg.-Nr. 269
Verdienstzeugnis der AFS

Tubus: weißrosa, kurz und dick
Sepalen: hellrosa, unterseits dunkler, grüne Spitzen
Korolle: hellrosa mit dunkleren Adern, einfach
Staubfäden: rosa
Stempel: weißrosa
Laub: dunkelgrün, mittelgroß, gezähnter Rand
Wuchs: aufrecht und buschig

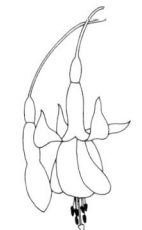
'Other Fellow'

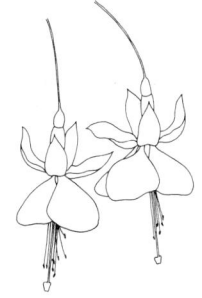
'Ortenburger Festival'
Farbfoto Seite 54

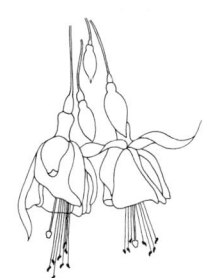
'Pink Cloud'
Farbfoto Seite 85

'Pink Galore'
Farbfoto rechte Seite

Die Blüten von 'Pink Cloud' sind sehr groß, schön in der Form mit lustig gedrehten Sepalen. Ein weiterer Bonus ist die pausenlose Reichblütigkeit. Leider läßt die Substanz der Blüten zu wünschen übrig. Durch einen kühlen, leicht beschatteten Standort kann dieses Manko aber weitgehend ausgeglichen werden. Die aufrechtwachsende Pflanze gibt uns durch ihre Vitalität vielseitige Möglichkeiten, auch größere Strukturen wie Stämmchen, Pyramiden, Säulen oder Spaliere zu wagen. Früh verholzende Fuchsien wie diese lassen uns im Frühjahr oft lange auf einen Austrieb warten. Durch häufiges Sprühen mit handwarmem Wasser kann der Austrieb aber beschleunigt werden.

'Pink Galore'
(Fuchsia La Nursery 1958, USA)
Reg.-Nr. 469
Verdienstzeugnis der AFS 1958

Tubus: rosa, lang
Sepalen: rosa, breit und hochgestellt
Korolle: rosa, gefüllt
Staubfäden: hellrosa
Stempel: hellrosa
Laub: dunkelgrün, glänzend, der junge Austrieb ist rot überlaufen
Wuchs: hängend

»Rosa in Fülle«, so könnte man den Sortennamen übersetzen. Der Blütenreichtum ist kaum vorstellbar. Was die Schönheit der Blüten, in einem wirklich klaren Rosa ohne jeden Blaustich, und die Halt-

Links:
'Mrs. W. Rundle'
Rechts:
'Multa'

'Nancy Lou'
'Orange Crush'
Beschreibungen
Seite 82

Links:
'Pink Cloud'
Beschreibung
Seite 83
Rechts:
'Pink Galore'

barkeit der Einzelblüte betrifft, ist dem Züchter ein großer Wurf gelungen.

Sehr harmonisch ist der Zusammenklang von soviel Rosa mit dem dunkelglänzenden, anfangs rötlichen Laub. Die Vitalität und Wüchsigkeit könnten manchmal besser sein. Wahrscheinlich fühlt diese vom Klima in Kalifornien verwöhnte Sorte sich bei unseren gemäßigten Temperaturen nur an relativ warmen, geschützten Plätzen richtig wohl, z.B. im Gewächshaus oder Wintergarten. Für eine gut gefüllte Ampel werden 5 bis 7 Pflanzen benötigt. Es hat sich bewährt, diese Pflanzen alle Jahre neu aus Herbststecklingen heranzuziehen.

'Pink Marshmallow'
(Stubbs 1971, USA)
Reg.-Nr. 996

Tubus: rosa-weiß, relativ lang
Sepalen: weiß, unterseits rosa, grüne Spitzen, hochgestellt
Korolle: weiß, leicht rosa geadert, gefüllt, gezähnte Petalen
Staubfäden: blaßrosa

Stempel: weiß
Laub: hellgrün, sehr groß
Wuchs: ausladend überhängend
Die wohlgeformten großen Blüten von 'Pink Marshmallow' mit ihrer festen Substanz kann man ohne Übertreibung sensationell nennen. Der Aufbau der Pflanze ist sehr harmonisch. Die langen Internodien erlauben den großen Blättern und Blüten genügend Entfaltungsraum. Die weit überhängenden Triebe sind flexibel und kräftig genug, um die vielen schweren Blüten mühelos zu tragen. Interessant ist die Art und Weise, wie beim Verblühen ein Teil der festgewachsenen Petalen mit den Sepalen hochgehoben wird, so daß ein Zwei-Etagen-Effekt entsteht, der die Blüte optisch noch größer erscheinen läßt.
Die Pflanze ist starkwüchsig, reich- und durchblühend, auch problemlos zu überwintern. Der überhängende Wuchs macht sie besonders für große, freihängende Ampeln geeignet, die wir natürlich geschützt und schattig aufhängen sollten. Auch an einem Stab hochgezogen, mit einmal entspitzten Seitentrieben, ist sie sehr dekorativ.

'Pink Marshmallow'
Farbfoto Seite 89

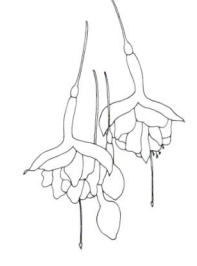

'Postiljon'
Farbfoto Seite 38

'Riccartonii'
Farbfoto Seite 54

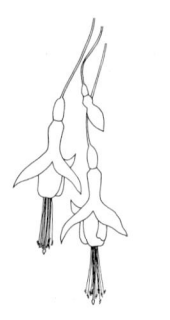

'Preston Guild'

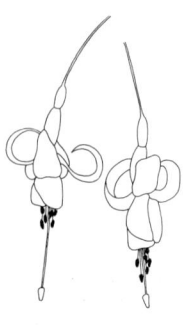

'Rose of Castille'

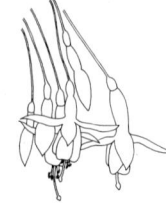

'Postiljon'
(von der Post 1975, NL)
'La Campanella' ×

Tubus: weiß mit rosa Hauch
Sepalen: rahmweiß, grüne Spitzen
Korolle: rotviolett, weiß an der Basis, einfach
Staubfäden: weiß
Stempel: weiß
Laub: mittelgrün, klein
Wuchs: hängend, flexible Zweige
Diese Sorte hat viele gute Eigenschaften. Die zierlichen, flexiblen Triebe streben direkt über den Topfrand nach unten. Dabei werden laufend neue Verzweigungen gebildet mit einer entsprechenden Steigerung der Blütenmengen. Eine Wandampel mit 'Postiljon' zieht alle Blicke auf sich. Der Gesamteindruck ist anmutig und grazil. Ein weiterer Bonus ist der frühe Blühbeginn im April. Die Blüte hält bis zum ersten Frost pausenlos an, im Gewächshaus sogar den Winter über.

'Preston Guild'
(Thornley 1971, GB)
Reg.-Nr. 1010
'Dorothea Flower' × 'Hawkshead'

Tubus: weiß, lang und schlank
Sepalen: weiß, kurz und breit, hochgestellt
Korolle: blau-violett, Basis weiß, klein, kompakt, einfach
Staubfäden: weißrosa
Stempel: weiß, sehr lang
Laub: mittelgrün, klein, feingezähnt
Wuchs: aufrecht und buschig
Die Blüten von 'Preston Guild' mit dem besonders langen Blütenstiel, den Sepalen, die sich elegant zum Tubus rollen, ihn jedoch nicht verdecken, und den klaren Farben kann man wirklich perfekt nennen. Jede für sich ist ein kleines Kunstwerk der Natur. Leider ist der Wuchs der Pflanze etwas steif und ganz straff aufrecht. Wir müssen früh und häufig, nach jedem zweiten Blattpaar, entspitzen, um eine bessere Verzweigung zu erreichen. Sorg-

fältig gezogen ist sie als Busch oder Fußstämmchen einmalig schön.

Weil der Stammbaum von 'Preston Guild' besonders interessant ist für jeden, der sich mit Züchtung befaßt, möchte ich ihn hier darstellen:

F. mag. var. *molinae* × 'Venus Victrix'
↓
'Hawkshead'
'Hawkshead' × 'Venus Victrix'
↓
'Dorothea Flower'
'Dorothea Flower' × 'Hawkshead'
↓
'Preston Guild'

'Riccartonii'
(Young 1830, GB)

Tubus: rot
Sepalen: rot
Korolle: purpurblau, einfach
Staubfäden: rot
Stempel: rot
Laub: klein, bronzefarben
Wuchs: aufrecht
Diese am weitesten verbreitete Heckenfuchsie wird oft F. magellanica als Varietät zugeordnet, ist aber eine 1830 in Riccarton bei Edinburgh in Schottland aus Samen von 'Globosa' × F. magellanica var. *marcrostemma* entstandene Hybride. Sie ist ganz besonders wüchsig und winterhart und kann 1,50 bis 2 m Höhe erreichen. Das kleine Laub ist bronze überzogen. Die zahllosen Blüten sind denen von F. magellanica var. *macrostemma* ähnlich, aber länger, und die Knospen etwas runder.

'Rose of Castille'
(Banks 1855, GB)

Tubus: wachsweiß, dicht, rundlich
Sepalen: wachsweiß, hellrosa unterseits, grüne Spitzen

Korolle: helles Purpurblau, rötlich überzogen, weiße Basis, einfach
Staubfäden: blaßrosa
Stempel: weiß
Laub: mittelgrün, klein, fein gesägt
Wuchs: aufrecht, gut verzweigend, wüchsig
Seit 1855, also mehr als 135 Jahre, ist 'Rose of Castille' ununterbrochen in Kultur und hat noch nichts von ihrer Anziehungskraft auf die Fuchsienliebhaber in aller Welt eingebüßt. Wie so manche alte Sorte ist sie ausgesprochen pflegeleicht und mühelos zu vermehren. Außerdem ist sie anpassungsfähig an jeden Standort in Sonne oder Schatten. Der Wuchs ist straff aufrecht. Das Laub ist hellgrün, nicht sehr groß, fein gesägt und als Hintergrund für die zartfarbenen Blüten besonders schön. Liebhaber kleinblütiger Fuchsien werden von dem Charme der zierlichen Blüten besonders angesprochen und auch von der Art und Weise, wie diese seitwärtsaufwärts über dem Laub angeordnet sind. Der Blütenreichtum ist kaum zu beschreiben, man muß ihn gesehen haben. Frei ausgepflanzt in ein Gartenbeet oder als Mittelstück größerer Container bildet die Pflanze schnell große Büsche. Besonders hübsch ist sie als Fußstämmchen von etwa 30 cm Höhe.

'Royal Velvet'
(Waltz 1962, USA)
Reg.-Nr. 526

Tubus: karminrot
Sepalen: karminrot, breit, unterseits gekreppt
Korolle: purpurblau, rot an der Basis, gefüllt
Staubfäden: rot
Stempel: rot
Laub: dunkelgrün, rote Adern, rote Stiele
Wuchs: lax aufrecht bis überhängend
Unter den zahlreichen Fuchsiensorten mit rot-blauen Blüten nimmt 'Royal Velvet' zu Recht eine Sonderstellung ein. Die wohlgeformten großen Blüten mit dem lackroten Kelch und dem intensiven Purpurblau der Korolle öffnen sich weit und enthüllen so ein samtigrotes Innenleben. Auch die langen Staubfäden mit dem extrem langen Stempel tragen zu diesem verfeinerten, sehr ansprechenden Eindruck bei. Das feste Laub ist groß und fast ganzrandig mit roten Blattnerven und roten Blattstielen.

Wie viele wirklich gute Fuchsien ist 'Royal Velvet' vielseitig verwendbar. Ob im Balkonkasten, in größeren Containern oder als Hochstamm, sie macht immer großen Eindruck und erfreut durch eine lange Blütezeit. Die Anzahl der Blüten kann durch frühes Entspitzen deutlich gesteigert werden.

'Royal Velvet'
Farbfoto Seite 89

'Ruth King'
(Tiret 1967, USA)
Reg.-Nr. 736

Tubus: weiß
Sepalen: weiß, grüne Spitzen
Korolle: lila-rosa, äußere Petalen weiß marmoriert, gefüllt
Staubfäden: rosa
Stempel: hellrosa
Laub: dunkelgrün
Wuchs: hängend
'Ruth King' ist eine starkwüchsige Ampelsorte mit auffälligen großen Blüten. Keine besonderen Probleme bei der Pflege, gut ernährte Pflanzen sind sehr blühfreudig.

Die großen Blüten – jede einzelne weist eine andere Marmorierung auf – sind farbschön und wahre Blickfänger.

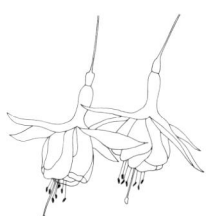

'Ruth King'
Farbfoto Seite 72

'Sleigh Bells'
(Schnabel 1954, USA)
Reg.-Nr. 196

Tubus: weiß, kurz, kompakt
Sepalen: weiß, lang und schmal, grüne Spitzen, steil hochgestellt
Korolle: weiß, einfach
Staubfäden: weiß
Stempel: weiß
Laub: dunkelgrün, gesägter Rand
Wuchs: aufrecht, sparrig

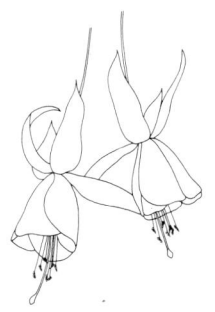

'Sleigh Bells'
Farbfoto Seite 88

Links:
'Sleigh Bells'
Beschreibung
Seite 87
Rechts:
'South Gate'

'Sleigh Bells' gehört zu den sparrigwachsenden Fuchsien, die, wenn wir sie in der Anzuchtphase nicht mehrmals entspitzen, kaum Seitentriebe bilden. Die Blüte setzt relativ spät ein, wenn die Pflanze eine bestimmte Höhe erreicht hat. Von diesem Zeitpunkt an werden zwar fortwährend Blüten produziert, reichblühend ist das aber nicht zu nennen. Beste Resultate werden, wie bei allen weißen Fuchsien, im kühlen Schatten erzielt. Die große, perfekte Glockenform der Blüte wirkt in der Einzelstellung, vor dem dunklen Laubhintergrund, edel und kostbar und belohnt für alle Mühe.

'South Gate'
Farbfoto oben rechts

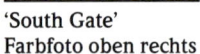

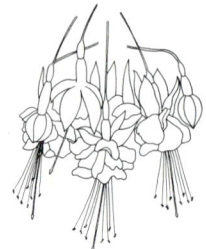

'South Gate'
(Walker & Jones 1951, USA)

Tubus: blaßrosa, kompakt
Sepalen: blaßrosa, weißgrüne Spitzen, breit, hochgezogen
Korolle: hellrosa mit dunkleren Adern, gefüllt

Staubfäden: hellrosa
Stempel: hellrosa
Laub: dunkelgrün, glänzend, rote Stiele, rote Triebe
Wuchs: locker aufrecht bis überhängend
Ohne den Schutz eines Gewächshauses sind manche der stark gefüllten, großblütigen rosa Fuchsien aus dem sonnigen Kalifornien in unserem Klima nur selten zu optimaler Entfaltung zu bringen. Sie weigern sich, in kühlen Sommern ihre Blüten zu öffnen. 'South Gate' hingegen ist einfach und problemlos auch im Freien zu kultivieren. Sie ist vital und starkwüchsig, reichblühend mit schön geformten großen Blüten von guter Substanz. Im Anfang wächst sie aufrecht, doch die Blütenschwere zieht die Triebe nach unten. So ist sie sowohl als Ampelpflanze wie auch als schöner Hängestamm zu verwenden.

'South Gate' blüht am älteren Holz besonders reich, man sollte sie darum schon im Herbst vermehren. Bei der Anzucht eines Hochstammes lassen wir die Seitentriebe im ersten Jahr mitwachsen, damit der Stamm einen größeren Durchmesser bekommt, kräftiger wird und die schwere Krone mit den vielen großen Blüten tragen kann.

'Swingtime'
(Tiret 1950, USA)
Reg.-Nr. 66
'Titanic' × 'Yultide'

Tubus: rot, kurz, glänzend
Sepalen: rot, glänzend, unterseits kreppartig
Korolle: milchweiß, wenig rot geadert, gefüllt

Staubfäden: rot
Stempel: rot
Laub: dunkelgrün, roter Mittelnerv, rote Stiele
Wuchs: lax-aufrecht

Eine Fuchsiensammlung ohne 'Swingtime' wäre nicht komplett. Unter den vielen rot-weißen Sorten nimmt sie nach wie vor eine Spitzenstellung ein. Sie ist leicht zu vermehren und problemlos in der Kultur. Außergewöhnliche Wetterfestigkeit und Sonnenverträglichkeit machen eine Verwendung als Beetpflanze im Garten oder als Ampel an exponierten Stellen möglich.

Ein Hochstamm von ansehnlichen Ausmaßen ist relativ schnell gezogen. Er

'Swingtime'
Farbfoto unten

Links:
'Royal Velvet'
Beschreibung
Seite 87
Rechts:
'Swingtime'

Links:
'Pink Marshmallow'
Beschreibung
Seite 85
Rechts:
'Tangerine'
Beschreibung
Seite 89

'Ting-a-Ling'
Farbfoto Seite 92

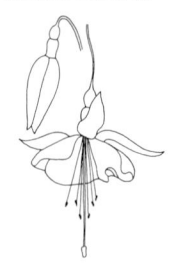

'Tangerine'
Farbfoto Seite 89

'Tolling Bell'
Farbfoto Seite 92

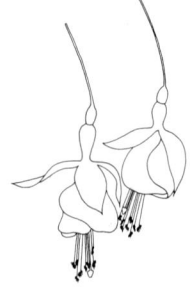

verträgt den Rückschnitt so gut, daß man über viele Jahre eine schöne, runde, kompakte Krone behält. Auch als Spalier gezogen ist sie sehr effektvoll.

Leider werden immer noch alle möglichen rot-weißen Sorten unter dem Namen 'Swingtime' angeboten, dabei ist die »echte« leicht an ihrer fast runden Blütenform mit hervorragender Substanz zu erkennen.

'Tangerine'
(Tiret 1949, USA)
F. cordifolia ×

Tubus: orange, grün gestreift, dünn, lang
Sepalen: hellgrün, dunklere Spitzen, unterseits gelblich
Korolle: helleres, klares Orange, einfach
Staubfäden: rosa, eingeschlossen
Stempel: weiß, kurz
Laub: mittelgrün, groß
Wuchs: aufrecht mit langen Internodien
Diese schöne Sorte ist verdientermaßen populär. Sie bezieht ihre beeindruckende Wirkung aus dem Kontrast von hellem Laub und pastellfarbenen Blüten. Jedes Petal der langen eleganten Blüten ist am unteren Ende eigenartig zugespitzt.

Wer an einem sonnigen Platz im Garten einmal eine Dreiergruppe 'Tangerine' pflanzt, sie wächst schnell bis zu Meterhöhe heran, wird seine helle Freude daran erleben. Die anfänglich noch weichen, saftigen Triebe sollten etwas gestützt und aufgebunden werden. Im Herbst muß man natürlich rechtzeitig wieder eintopfen. Alternativ können auch Herbststecklinge gemacht werden, um den Bestand zu erhalten. Wegen der langen Internodien sollte wiederholt entspitzt werden. Dadurch zwingen wir die Pflanze zu einem mehr buschigen Wuchs und reicherer Blüte.

'Ting-a-Ling'
(Schnabel-Paskesen 1959, USA)
Reg.-Nr. 381
Verdienstzeugnis der AFS 1962

Tubus: weiß, kurz und dick
Sepalen: weiß, lang und schmal, hochgestellt
Korolle: weiß, offene Glockenform, einfach
Staubfäden: blaßrosa
Stempel: weiß
Laub: mittelgrün, mittelgroß
Wuchs: aufrecht, gut verzweigt und buschig
'Ting-a-Ling' ist noch immer eine der besten weißen Fuchsien in der Klasse der aufrechtwachsenden mit einfachen Blüten. Die wohlgeformten, gut über dem Laub stehenden Blüten machen diese Sorte zu einem vorzüglichen Schauobjekt. Der starke Wuchs mit guter Verzweigung und die vielen Blüten setzen regelmäßige, ausreichende Düngung voraus. Vernachlässigt man diesen Punkt, werden die Blätter chlorotisch und fallen ab. Was generell für weiße Fuchsien gilt, ein möglichst schattiger, geschützter Standort, ist für 'Ting-a-Ling' ein absolutes Muß, denn die Substanz der Blüten ist nicht sehr fest und Wassertropfen hinterlassen braune Flecken. Beides kann die Blütenschönheit sehr beeinträchtigen.

Besondere Aufmerksamkeit sollte dem Befall mit *Botrytis* gewidmet werden. Bei so dicht belaubten Pflanzen mit weißer Blüte ist vielleicht besser vorbeugend zu spritzen.

Eine extrem lange, pausenlose Blütezeit ist der Lohn unserer Mühe.

'Tolling Bell'
(Turner 1964, GB)

Tubus: scharlachrot, kurz und dick
Sepalen: scharlachrot, breit
Korolle: weiß mit kirschroter Aderung, einfach
Staubfäden: hellrot
Stempel: hellrot

Laub: mittelgrün, klein
Wuchs: aufrecht, starkwüchsig und buschig

Fuchsien mit rotem Kelch und weißer Korolle gibt es in vielen Sorten und verschiedenen Blütenformen. Sie alle beeindrucken durch den klaren Farbkontrast mit guter Fernwirkung und sind darum, verständlicherweise, allgemein beliebt.

'Tolling Bell' hat eine große, besonders schöngeformte längliche Glockenblüte, die vor dem dichten Laub gut zur Geltung kommt. Der aufrechte, starke Wuchs macht ein mehrmaliges Entspitzen im Frühjahr erforderlich. Die Pflanze reagiert prompt und zuverlässig darauf und treibt aus jedem schlafenden Auge neue Triebe. Sechs bis acht Wochen später können wir dann viele »läutende Glocken« bewundern. Prachtvolle, sehr auffällige Büsche und Hochstämme lassen sich ziehen.

Pralle, heiße Sonne wird nicht gut vertragen, es empfiehlt sich daher ein heller, kühler Standort.

Vor einigen Jahren ist in England eine Mutation mit schön panaschiertem, grüngoldenem Laub entstanden, die 1985 als 'Golden Tolling Bell' unter der Reg.-Nr. 1920 bei der AFS registriert wurde.

'Tom Thumb'
(Baudinat 1850, F)

Tubus: karminrot
Sepalen: karminrot, hängend
Korolle: mauve-violett, pink an der Basis, geadert, einfach
Staubfäden: rot
Stempel: rot
Laub: mittelgrün, klein und spitz, grob gesägt
Wuchs: aufrecht, buschig, niedrig

Ein reizender Zwerg von maximal 30 cm Höhe, der gut für den Steingarten oder als Randbepflanzung für Fuchsienbeete im Garten geeignet ist.

Alles an der Pflanze – Aufbau, Blatt und Blüten – ist zierlich und wohlproportioniert. In milden Wintern oder im Weinbauklima hält die Sorte auch bei uns einige Jahre im Freien aus. Besonders charmant wirkt 'Tom Thumb' als Fußstämmchen gezogen.

'Trumpeter'
(Reiter 1946, USA)

Tubus: lachsrosa, dick und lang
Sepalen: lachsrosa, kurz und spitz
Korolle: reinrosa, einfach
Staubfäden: lachsrosa, eingeschlossen in die Korolle
Stempel: lachsrosa
Laub: olivgrün, dunkler geadert
Wuchs: hängend

Im Gegensatz zu den meisten Triphylla-Hybriden wächst 'Trumpeter' nicht straff aufrecht, sondern überhängend, ausladend, mehr in die Breite. So kommen die langen, in Trauben angeordneten Trompetenblüten besonders gut zur Wirkung. Wir pflanzen zu dritt in eine Ampel, die vollsonnig aufgehängt werden kann. Weil die Pflanze mit langen Internodien wächst, können wir durch mehrmaliges Entspitzen versuchen, Seitentriebe zu erzwingen. Der Erfolg ist nicht immer befriedigend. Dennoch ist die Gesamtwirkung einer Ampel immer sehr schön und sehr apart. Bemerkenswert ist auch die extrem lange Blütezeit.

'Waltraud Strümper'
(Strümper 1984, D)
'Checkerboard' × 'Television'

Tubus: pink
Sepalen: weiß mit rotem Rand, unterseits kreppartig, hochgestellt
Korolle: purpurviolett mit intensiv leuchtendem Rand, einfach
Staubfäden: blaßrosa bis rot
Stempel: blaßrosa
Laub: dunkelgrün, mittelgroß, fein gezähnt
Wuchs: aufrecht

Diese sehr schöne neue deutsche Züchtung von Karl Strümper, Göttingen-Geismar, wurde in Hannover 1988 sehr gut

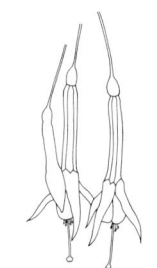
'Trumpeter'

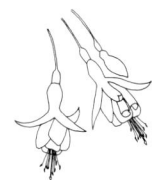
'Tom Thumb'
Farbfoto Seite 72

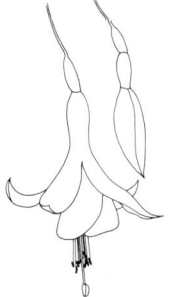
'Waltraud Strümper'
Farbfoto Seite 92

'White King'
Farbfoto unten

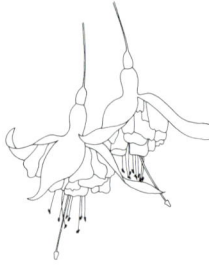

bewertet. Sie ist in Sonne oder Halbschatten zu kultivieren und läßt sich problemlos vermehren. Hervorzuheben ist der besonders frühe Blühbeginn.

'White King'

(Pennisi 1968, USA)
Reg.-Nr. 753

Tubus: weiß mit grünen Streifen
Sepalen: weiß
Korolle: weiß, extrem groß, gefüllt
Staubfäden: weiß
Stempel: weiß
Laub: dunkelgrün
Wuchs: ausladend, überhängend

'White King' ist sehr starkwüchsig und leicht zu kultivieren. Wenn man sie als Busch ziehen will, muß früh und oft entspitzt werden. Die schön geformten, extrem großen Blüten erscheinen ohne Pause und werden an sehr langen Blütenstielen getragen. Im Gegensatz zu anderen weißen Fuchsien ist sie nicht besonders anfällig für *Botrytis*, gute Kulturbedingungen vorausgesetzt.

Da diese Sorte besonders wüchsig ist, ist sie besonders für eine Anzucht als große dekorative Pflanze geeignet. In dieser Form wird jede einzelne der großen Blüten gut präsentiert, die sich sonst manchmal unter den großen Blättern verstecken.

Links:
'Ting-a-Ling'
Beschreibung
Seite 90
Rechts:
'Waltraud Strümper'
Beschreibung
Seite 91

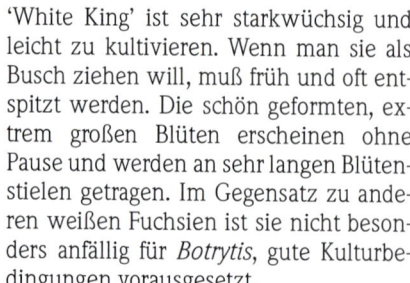

Links:
'White King'
Rechts:
'Tolling Bell'
Beschreibung
Seite 90

Verzeichnisse

Literatur

Dreyer, G.: Mein Fuchsienbuch. Verlag Pauli-Balleis, Nürnberg 1986.

Feßler, A.: Fuchsien für Haus und Garten. Verlag Kosmos, Stuttgart 1980.

Ganslmeier, H.: Fuchsien. Landwirtschaftskammer Rheinland, Heft 16, Bonn 1979.

Heinke, R.: Fuchsien. Verlag Gräfe und Unzer, München 1989.

Manthey, G.: Fuchsien, 2. erw. Auflage. Verlag Eugen Ulmer, Stuttgart 1987.

Köhlein, F.: Pflanzen vermehren. 7. Aufl. Verlag Eugen Ulmer, Stuttgart 1986.

Hieke, K.: Fuchsia. Prag 1969.

Bildquellen

Pahler, A., Aichtal: Titelbild, Seite 19 links, 37 unten, 39, 41 (2), 48, 54 (2), 56 (2), 59 oben und unten rechts, 60, 61 links, 63, 64, 65 oben rechts, mitte links, mitte rechts und unten rechts, 68 links, 69, 72 (3), 73 (2), 77 oben links, oben rechts, mitte rechts und unten links, 80, 81 (2), 84 (4), 85 (2), 88 (2), 89 oben links, unten links und unten rechts, 92 oben links, unten links und rechts.

Fluhacher, K.-H., Leonberg: Seite 37 oben, 38, 61 rechts, 65 unten links, 68 rechts, 77 unten rechts, 89 oben rechts.

Frohmann, E., Riegelsberg: Seite 15 rechts, 18 links und rechts.

Hasset, Ch., Eureka (USA): Seite 14 rechts, 15 links.

Lehmann, I., Kippenheim: Seite 2, 6, 7, 11, 14 links, 19 rechts, 22, 23, 26, 27, 33, 34, 43, 45, 46, 47, 59 unten links, 62.

Weihrauch, H., Hamm: Seite 65 oben links, 76, 92 oben rechts.

Fuchsien-Gesellschaften

Deutsche Fuchsien-Gesellschaft e. V.
Geschäftsstelle Pankratiusstraße 10
Großförste
3208 Giesen

Die Gesellschaft hat sich die Aufgabe gestellt, die Verbreitung und das Wissen um diese alte Gartenpflanze, die in Bauerngärten, biedermeierlichen Erkern und modernen Gärten gleichermaßen Geschichte gemacht hat, zu fördern.

Die 1981 in Frankfurt gegründete Gesellschaft hat überall im Lande Regionalgruppen, die Ausstellungen, Vorträge, Pflanzen- und Erfahrungsaustausch organisieren. Im Mittelpunkt der Tätigkeit steht die vierteljährlich erscheinende Zeitschrift »Fuchsienkurier«.

Deutsche Dahlien-, Fuchsien- und Gladiolengesellschaft e. V.
Drachenfelsstr. 9 a
5300 Bonn 2

Österreich

Österreichische Fuchsienfreunde in der Österreichischen Gartenbaugesellschaft
Elisabeth Schnedl
Wienerstraße 216
A-8051 Graz

Schweiz

Schweizer Fuchsienverein
Cornelia Angst van der Leek
CH-8196 Wil/Zürich

Bezugsquellen

Die aufgeführten Gärtnereien sind nur eine kleine Auswahl aus der großen Zahl der Anbieter von Fuchsien.

Bundesrepublik Deutschland
Rudolf und Klara Baum
-Fuchsienkulturen-
Scheffelrain 1
7250 Leonberg (Versand)

Gärtnerei
Manfred Behre
Salinenstr. 40
3003 Ronnenberg 3

Gartenbaubetrieb
Heinrich Breuckmann
Leinschede 22
5970 Plettenberg 2

Gärtnerei
Hermann Ermel
Kurpfalzstraße
6719 Zellertal 1 (Versand)

Gärtnerei
Paul Götz
7922 Herbrechtingen

Gartenbaubetrieb
Reinhard Heinke
– Spezialkulturen – (Versand)
Eichholzstraße 2
4600 Dortmund 41 (Lichtendorf)

Gärtnerei + Baumschule
Kuhlmann
2961 Ihlowerfehn

Gärtnerei
Helmut Unger jun.
7888 Rheinfelden-Adelshausen

Schweiz
E.+C. Angst van der Leek
CH-8196 Wil/Zürich (Versand)

Österreich
Gärtnerei Predl
Helferstorferstr. 47
A-2344 Maria Enzersdorf

Register